AF466797

Catalogue

de la

superbe collection d'estampes anciennes

des

écoles Allemande, Italienne, Française et Néerlandaise,

ainsi que de

plusieurs gravures modernes avant la lettre ou de remarque laissées

par feu Mr. Hermann Weber

à Bonn.

Première Partie.

La vente publique aura lieu à Leipzig le 17 Septembre 1855 et les jours suivants

chez M. Rudolph Weigel

Libraire et Marchand d'Estampes,

chez lequel se distribue le catalogue.

Leipzig

1855.

AVANT-PROPOS.

Les amateurs d'estampes connaissent bien Mr. Hermann Weber, ce jeune homme d'un savoir profond et étendu, d'un goût intelligent et sévère, d'un enthousiasme ardent pour les beaux arts et d'un charactère tout-à-fait solide et noble. Or doué par la nature d'une santé très faible il succomba à une langueur au mois d'Août 1854 à l'âge de 37 ans, après être revenu d'Angleterre où il avait demeuré à peu près deux mois et acquis un très grand nombre d'objets d'art.

Sa collection rangée, on ne savait ce qu'on devait admirer davantage, la richesse de l'ensemble ou la beauté et la rareté des choses. Quant à la richesse, on y trouve un oeuvre de Rembrandt d'une abondance et d'une excellence presque inconnue en Allemagne, un oeuvre de Hollar, qui est un des plus riches et des plus beaux qui existent aujourd-hui, de plus une quantité de pièces capitales des maîtres les plus importants telle qu'on la trouvera bien rarement réunie, savoir du maître de l'an 1466, de Martin Schongauer (dont les gravures formaient les délices du défunt), d'Israël de Mecken, d'Albert Durer, de Lucas de Leyde, de Marc-Antoine, de Claude le Lorrain, de van Dyck, d'Ostade, enfin de tous les grands maîtres de l'école néerlandaise. Pour ce qui regarde la beauté des estampes, le défunt, doué d'un oeil vif et pénétrant et de connaissances positives et parfaites, devint de jour en jour plus difficile dans ses prétentions artistiques. Il avait acheté presque chacune de ses pièces séparément à cause de leur beauté et de leur perfection, sauf les oeuvres complets de quelques maîtres, qu'il acquit à la vente publique de la célèbre collection du Baron Verstolk a Soelen. Aussi a-t-il réuni des estampes de toutes les écoles d'une beauté étonnante, provenues en grande partie des collections les plus renommées de tous les pays, que possédaient Mariette, P. Lely, J. Barnard, le duc de Buckingham, le comte de Fries, Revil, Robert-Dumesnil, Debois, Brisart, Verstolk, Brooke, le Cardinal Fesch etc. etc. Ajoutez y un nombre extraordinaire de pièces rarissimes et non décrites et vous avouerez, que cette précieuse collection est la plus exquise qui ait été jamais mise en vente en Allemagne.

La collection sera vendue en plusieurs parties; la première, dont nous publions aujourd'hui le catalogue, comprend, outre les exemplaires avant les lettres ou de remarques d'estampes modernes, les gravures en cuivre et en bois et les eaux-fortes des écoles allemande, italienne, française et néerlandaise, excepté les oeuvres de Rembrandt et de Hollar qui seront vendus un autre jour. Pour les trois premières écoles nous avons adopté l'ordre chronologique et pour l'école néerlandaise l'ordre alphabétique. Quant à la description nous avons indiqué scrupuleusement, même minutieusement et sans aucune réserve les états, les différences d'épreuve et les conditions materielles de chaque estampe. Nous n'avous eu en vue que la seule verité: il n'était pas difficile de l'observer pour cette collection exquise, qui prouvera le mieux elle-même les rares connaissances et les nobles efforts du défunt.

On n'a pas cru pouvoir confier la vente à des mains plus sûres et plus expertes qu'à celles de Mr. Rudolph Weigel à Leipzig, dont la renommée étendue et anciennement fondée inspirera la même confiance aux amateurs.

F. H.

Pour montrer en bref au lecteur le contenu de cette collection, nous parcourrons ici en peu de mots les feuilles dont le catalogue donnera la spécification.

ECOLE ALLEMANDE.

Maitres inconnus du XV siecle: 36 pièces, dont 12 non décrites, y comprises une représentation de l'ars moriendi, trois estampes des maîtres aux monogrammes non mentionnés et la suite complète de Jésus Christ et des douze apôtres décrite par Bartsch X p. 17 n. 15—27, épreuves *superbes, provenant de la collection du cardinal Fesch.* — **Maître de l'an 1466:** 7 pièces, dont 3 manquent à Bartsch. — **Francois de Bocholt:** le jugement de Salomon. — **Maître à la navette:** Jésus Christ à la croix entre les deux larrons B. 6. — **Maître au monogramme L C Z:** l'entrée de Jésus Christ à Jerusalem. — **Zayssinger:** St. Christophe B. 7. — **Martin Schongauer:** 44 pièces, la nativité B. 4, deux fois, la suite de la passion plus que complète. en épreuves magnifiques, S. Antoine tourmenté par les démons, S. Jacques de Compostella combattant contre les infidèles, les suites complètes des vierges sages et des vierges folles, épreuves admirables, provenant de la collection du duc de Buckingham, rinceau d'ornemens au hibou, superbe d'épreuve etc. — **Israel de Mecken:** *30 pièces, la danse d'Hérodiade, la passion complète, la mort* de la vierge, la suite complète des apôtres deux à deux dans une niche, d'une beauté incomparable, provenant des collections Strawberry Hill et Debois, le moine et la religieuse, le cavalier et sa maitresse, superbe d'épreuve etc. — **Glockenton:** 2 p.. d'une rare beauté. — **Durer:** 136 feuilles, la plupart en épreuves magnifiques, plusieurs sur papier à la couronne et à la tête de boeuf et avec beaucoup de marge, S. Eustache (bis), S. Jérôme en pénitence, S. Généviève, l'effet de la jalousie, la grande fortune etc., épreuves de toute beauté. — **Cranach:** S. Christophe B. 58. épr. superbe en clair-obscure. — **Krug:** la nativité, ancienne épreuve. — **Aldegrever:** dessin d'un poignard B. 270. — **Pencz:** les six triomphes de Petrarque et le portrait de Jean Frédéric de Saxe. — **Bink:** portrait de Christierne de Dannemark. - **Lautensack:** 3 paysages, épr. superbes. — **Elzheimer:** une des pièces mentionnées par Sandrart, non décrite. — **Bauer:** 2 p. — **Prince Rupert:** 2 pièces, dont une en manière noire, the old man's head, extrêmement rare, et une à l'eau-forte, non décrite. — **J. H Roos:** la suite des animaux B. 18—30, épreuves magnifiques du Ier état avec le titre allemand etc. **D. Schütz:** le paon desempenné. — **M. Scheits:** 2 pièces, rares. — **Chr. Le Blon:** portrait en couleur, non décrit. — **Dietrich:** 25 p., la plupart toutes premières épreuves à l'eau-forte pure. — **G. F. Schmidt:** 10 pièces, les rares portraits d'Esterhazy et de Mounsay.

ECOLE ITALIENNE.

Nielles: 2 pièces, de Peregrini, **Cartes de tarots:** 44 pièces, les originaux (aussi le n. 50 revoqué en doute par Mr. Duchesne) et les copies A de Bartsch, les dernières, c'est-à-dire les vrais originaux, toutes anciennes épreuves. — L'estampe précieuse et extrêmement rare, copiée par Ottley, représentant une **allégorie sur l'état des gouvernemens de l'Europe dans le XV siècle**, dont une copie postérieure est décrite par Bartsch XIII p. 110 n. 8. — La rare estampe d'un maître inconnu de l'école florentine: **la présentation de l'enfant Jésus**, décrite par Zani V p. 333. — **Jules Campagnola**: Ganimède B. 5. **Dom. Campagnola**: la bataille B. 10. — **Nic. de Modène**: panneau d'ornemens B. 56. — **Ben. Montagna**: le satyre et la femme battant un jeune satyre B. 17. — **J. Mocetto**: la nymphe dormante, très rare. — **Robetta**: Adam et Eve et leurs deux enfans B. 4. — **Pollajuolo**: les gladiateurs, pièce extrêmement rare, épreuve d'une rare conservation. — **Maître au caducée**: sacrifice de Priape, superbe d'épreuve. — **A. Mantegna**: 3 p., les soldats portant des trophées B. 14, avec la colonne. — **J. A. de Bresse**: la copie du n. 14 de Mantegna. — **Zoan Andrea**: 5 f. — **Marc-Antoine et ses contemporains**: 32 p., la plupart en épreuves superbes et d'une conservation parfaite, le massacre des innocens B. 20, deux fois, S. Paul prêchant à Athènes, le martyre de Ste. Félicité, épreuve magnifique, Lucrèce, deux Faunes portant un enfant, épreuve de toute beauté, le Parnasse, le serpent parlant à un jeune homme, le portrait d'Achillini B. 469, plusieurs des rares estampes d'une dimension plus petite d'après Raphael et Francia. — **Maître au monogramme**: **J. F.**: Bacchus accompagné de gens de sa suite. — **Dom. Beccafumi**: Jésus disputant au temple, et le parnasse profané, Ier et II[d] état. — **Maitre au Dé**: Apollon et Marsyas. — **G. Ghisi**: la calomnie, épreuve admirable. — **H. Farinati**: la s. vierge B. 3. **Ribera**: le poëte en méditation. — **G. Leone**: 6 p., animaux. — **A. Canale**: paysage.

ECOLE FRANÇAISE.

Maître au monogramme J. G.: 2 pièces. — **J. Duvet**: 5 p., superbes d'épreuve. — **Marie de Medicis**: la rare gravure en bois. — **S. Vouet**: la seule eau-forte du maître. — **J. Callot**: 2 numéros. — **Claude le Lorrain**: 18 f., la plupart superbes d'épreuve, le berger et la bergère conversant, deux épreuves, Ier état, extrêmement rare, avant l'abaissement du groupe d'arbres, et le II[d] état, avant la lettre, avec la ville fortifiée etc. — **Boissieu**: 10 pièces.

ECOLE NÉERLANDAISE.

J. van Aken: 18 f. — **L. Bakhuizen**: 14 f., la suite des différentes marines B. 1—10 complète. — **C. Bega**: 20 f. — **D. van den Bergen**: une belle eau-forte non décrite. — **N. Berghem**: 40 f., pour la plupart avant les numéros, la vache qui s'abreuve, II[d] état, la vache qui pisse, II[d] état, deux fois, l'homme monté sur l'âne, superbe épreuve du II[d] état, avant le ciel etc., le pâtre jouant du flageolet, Ier état, n. 40 une épreuve du Ier état décrit, et une première ébauche à l'eau-forte pure. — **G. Bleker**: 9 p., épr. superbes. — **Blooteling**: 1 p. — **P. Boel**: 2 p., dont les autruches, les pals et le casuel, pièce inconnue à Bartsch, à l'eau-forte pure avant la lettre. — **S. a Bolswert**: 23 f., la conversion de S. Paul et les petits paysages d'apres Rubens, dont une avant toute adresse, une autre avant toute lettre. — **A. Both**: les débauchés et les ivrognes, pièces rares. — **J. Both**: 9 p., la suite B. 1—4, superbe d'épreuves, B. 5 et 8 épreuves magnifiques avant le nom du maitre. — **D. de Bray**: le rare portrait de son père gravé en bois. — **J. de Bray**: une belle eau-forte. — **Breenberg**: 3 p., rares. — **J. Bronchorst**: 9 p., le crucifix, deux fois, l'adoration des rois, morceau extrêmement rare, et une pièce non décrite. — **Maitre au monogr. B. V S.**: la pièce décrite par Brulliot n. 1117. — **J. Brosterhuys**: une pièce non décrite. — **M. de Bye**: 34 f., plusieurs premières épreuves non décrites. — **Caukerken**: le martyre de S.

Lievin, superbe d'épreuve. — **A. Claas**: 5 p., dont deux manquent à Bartsch. — **J. Cornelissen**: 2 p. — **G. Delff**: 1 p. — **J. van der Does**: le groupe de cinq moutons. — **J. le Ducq**: la suite complète des chiens B. 1—8, superbe d'épreuves, et 2 pièces des études de figures pour une adoration des rois. — **Du Jardin**: 25 p., dont 22 avant le numéro, et le portrait de Vos. — **Du Sart**: 12 p., les deux chanteurs B. 4 et une contre-épreuve du n. 10. — **A. van Dyck**: 15 f. des portraits gravés à l'eau-forte par van Dyck lui-même, dont 13 avant toute lettre, extrêmement rares, et 71 f. des portraits gravés d'après van Dyck par différens graveurs, la plupart premières épreuves avant les noms des graveurs, 2 avant toute lettre. — **Everdingen**: 13 p., épreuves avant la retouche, quelquesunes à l'eau-forte pure. — **Fruytiers**: portrait de J. Edelheer. — **Fyt**: 7 f. des animaux B. 1—8, Ier état. — **C. Galle** 4 p., la grande Judith, épr. d'essai avant toutes lettres. — **J. de Gheyn**: 7 f. portraits. — **J. Gole**: 6 p. en manière noire. — **H. Goltzius**: 36 p., unebelle collection de portraits. — **N. van Haeften**: 8 p., dont 3 inconnues à Bartsch. — **J. Hakkaert**: la suite des paysages avec l'adr. de Cl. de Jonghe. — **J. van den Hecke**: 12 p., 10 f. des animaux B. 1—12, Ier état. — **P. V. H** : 7 p., très rares. — **Jonkheer**: 3 p. — **R. van den Hoecke**: 19 p., la plupart du Ier état non décrit, avant la bordure au burin, le chariot escorté B. 15, trois épreuves, dont deux non décrites. — **G. Hoet**: Mercure et les nymphes. — **van Huchtenburg**: 1 p., en manière noire. — **J. Janson et ses deux fils**: 170 f., l'oeuvre complet des maitres en variations très curieuses. — **Chr. Jegher**: 2 numéros. — **H. Kobell**: 2 numéros, la longue jetée, épreuve d'essai. — **J. Kobell**: 2 p. têtes de boeuf, dont l'une sur du papier bleu. — **van der Koogen**: 8 p., les joueurs aux dames, pièce inconnue à Bartsch. — **P. de Laer**: 27 f., la vue de Rome, deux épreuves. — **Lucas de Leyde**: 28 p., épreuves superbes, la passion complète, le péché d'Adam et Eve B. 10, avant le monogramme du maître, Dalila coupant les cheveux de Samson trois fois, dont une épreuve magnifique, S. Madeleine dans le désert, épr. admirable, genus et l'amour, la dame au bois, la femme et le chien, épreuves magnifiques, Hérode à table, gravure en bois, très rare et superbe d'épreuve. — **Maître au monogramme P. V. L.**: le maître de la vigne de l'évangile, pièce rare. — **Jacques et Jean Lutma**: 6 p. — **Th. Maas**: 21 p., le manège complet, les voltes, pièces séparées, très rares. — **Ign. Marinus**: 2 p., l'adoration des bergers d'après Jordaens, épreuve extrêmement rare avant toute lettre. — **Martss le jeune**: 9 p., épreuves superbes. — **Mattue**: 3 f., muletier, deux épreuves, et le paysage avec le pêcheur, pièce inconnue à Bartsch. — **Meieringh**: 2 p. — **van der Meulen**: eau-forte, probablement par le maître lui-même. — **J. Miele**: 4 p., dont 2 inconnues à Bartsch et une non décrite. — **F. de Mieris**: 2 p. — **Molyn**: 8 f. — **Ch. de Moor**: 2 portraits. — Maître inconnu portrait de Sweeling, — **Naiwinks**: 12 p., épreuves magnifiques. — **Nikkelen**: 1 p. — **van Noordt**: paysage d'après Lastmann, Ier état. — **Ossenbeck**: 9 p., le campo vaccino et la cafarella, Ier état. — **A. d'Ostade**: 208 f., l'oeuvre complet avec beaucoup de variations, plusieurs pièces avec la faible bordure, le peintre avec le bonnet élevé, deux fois, états différents; le bénédicité avec la tête du paysan découverte, deux fois, états différents; le charcutier avec le ciel partiellement ombré, extrêmement rare, de plus une épreuve avec les larges effets de lumière; le charlatan avant le groupe de quatre enfans à gauche, extrêmement rare; la danse au cabaret, avant la bordure forte, avant beaucoup de travaux, d'une rareté extrême, provenant de la collection Brooke, à la vente de laquelle Mr.

Weber l'a achetée pour 17 Livres Sterling; le goûter avant la lettre, presque à l'eau-forte pure, infiniment rare, achetée à la même vente pour 39 Livres Sterling. — **B. Peters**: 4 p., dont une non décrite. — **Ploos van Amstel**: l'oeuvre complet, épreuves choisies par le maître lui-même pour son épouse, unique. — **H Pola**: Mercure et Argus. — **P. Pontius**: 10 p., le roi boit d'après Jordaens, avant toute lettre, extrêmement rare; trois portraits d'après Rubens, épreuves d'essai retouchées de la propre main de Rubens, que Mr. Basan vit autrefois dans la collection de Mariette, ainsi que le portrait de Rubens, épreuve magnifique du buste seule dans un oval, presque unique. — **P. Potter**: 31 p., la tête de vache, extrêmement rare, et la rare suite des chevaux B. 9 - 13, deux fois. — **Roghman**: 22 f. — **Rubens**: 2 p., Ste. Catherine, épreuve superbe. — **Ruisdael**: le petit pont et le champ bordé d'arbres, premières épreuves d'une rareté extrême. — **Saenredam**: portrait de Ch. van Mander. — **C. Saftleven**: 2 numéros. — **H. Saftleven**: 10 p., 3 non décrites par Bartsch. — **R. Savery**: 2 p., rares. — **A. Silo**: 11 p., rares. — **Smees**: 4 p. — **Stalbent**: le paysage avec l'église en ruines, pièce belle et rare. — **D. v. Staar**: 3 p., Jésus Christ tenté par le démon, épreuve magnifique. — **v. d. Stock**: paysage d'après Fouquier, pièce rare. — **Th. Stoop**: 32 f., les chevaux B. 1 - 12 avant les numéros, le voyage de Catherine, infante de Portugal, suite complète, infiniment rare, — **Suyderhoef**: 3 portraits, épr. superbes. — **Swanevelt**: 115 f., toutes premières épreuves superbes, la rare pièce ovale B. 25, et les paysages ornés de Satyres B. 49—52, deux fois. — **Sweerts**: portrait du maître. — **Teniers**: 5 p., la fête flammande à l'eau-forte pure. — **Thomas van Ypern**: 3 p., belles et rares. — **L. van Uden**: 25 p., la suite de douze estampes B. 1--12 complète. — **Uytenbrouk**: 7 p., pays montueux, pièce inconnue à Bartsch. — **L. de Vadder**: 8 p., dont 2 avant les figures, extrêmement rares, et deux autres avec les figures faiblement indiquées à l'eau-forte pure. — **A. v. d. Velde**: 15 p., les chefs d'oeuvre du maître B. 11—15. — **J. v. d. Velde**: 3 portraits. — **Verschuring**: les voyageurs, épr. magnifique à l'eau-forte pure. — **C. de Visscher**: 2 p., les patineurs, avant la lettre. — **L. de Visscher**: 2 f. - **S. de Vlieger**: 21 f., la forêt claire, deux épreuves superbes, l'une sur papier de Japon. **L. Vorsterman**: 2 p., le portrait de Ch. de Longueval, avant toute lettre. — **C. Vroom**: les deux messagers de campagne, très rare. — **Waterloo**: 145 f., la plupart épreuves superbes au papier à la folie et à l'agnus dei, les rares suites presque complètes, B. 95 - 106 deux fois, les deux cavaliers B. 63 avec g au lieu de e, le village dans la vallée B. 93, épreuve moins travaillée, la ferme au bord de l'eau B. 116, épreuve d'essai avant les feuilles sur l'arbre à droite etc., Mercure et Argus B. 127, lavée au bistre probablement par le maître lui-même. — **Jean et Jérôme Wierx**: 3 portraits. — **J. Withouc**: Jésus Christ à Emaus, épr. magnifique avant toute lettre. — **Th. Wyck**: 12 p., la suite des paysages B. 7—10, épreuves superbes avant l'adresse.

I. ECOLE ALLEMANDE.

Toutes les estampes sont montées soigneusement sur beau papier.

TRÈS ANCIEN MAITRE INCONNU, OU ESTAMPE DE CONFRÉRIE.

1. **L'homme mourant en regret de ses péchés.** A la partie inférieure de cette ancienne estampe on voit un mourant couché dans un grand lit, devant lequel il y a une table avec des médicamens. A sa tête est un ange qui tient de la main gauche une banderole avec ces mots: hic homo peccavit, moriens veniam rogitavit. Aux pieds du mourant un diable debout porte sa main droite sur le lit, criant l'air plein de malice: hanc animam posco, quam plenam criminibus nosco (la banderole où ces mots sont écrits, sorte d'un visage représenté à la queue du diable). Au milieu du lit on aperçoit un moine, dont le bâton et le fouet se trouvent à terre, il donne une chandelle brûlante dans la main du mourant; au côté opposé du lit est un réligieux, les lunettes sur le nez, tenant un livre ecclésiastique. Derrière le lit on voit un groupe de huit personnes représentant les parents du mourant, quelquesuns affligés et pleurants; mais à droite un des héritiers, mettant sa tête dans une armoire ouverte, remplit ses poches, il est assisté d'un diable et audessus est écrit: raptor. En milieu de l'estampe on voit Jésus Christ suspendu à la croix; c'est lui à qui le mourant adresse ses derniers mots: in manus tuas, domine, commendo spiritum meum. A gauche est la sainte vierge à genoux et pressant de la main droite un

de ses seins elle dit à son fils: hanc quia succisti, fili, veniam promeruisti. A droite S. Bernard debout tient une crosse disant: o homo securum accessum habes ante deum, mater ostendit filio pectus, et vulnera filius ostendit patri, salve vulnera, ibi nulla potest esse repulsa. Et le sauveur entendant les prières et mettant sa main droite détachée de la croix sur les plaies de son coeur dit en hexamètre: vulnera cerne, pater, fac, quae rogitat mea virtus. Ces mots sont dirigés vers le haut, où l'on voit Dieu le père entouré de nuages avec le saint Esprit. Prêtant l'oreille aux mots de son fils il repond: fili, petita dabo, quae vis, tibi nulla negabo. De chaque côté de Dieu on voit un ange; l'un à gauche tient des instrumens de la passion et audessous de lui est écrit: te deum laudamus; l'autre à droite tient une colonne, audessous de laquelle on lit: in te dominum confitemur. Toute la représentation est surmontée d'un grand baldaquin orné de longues franges. Les inscriptions sont écrites dans des banderoles flottantes, en lettres gothiques très difficilement lisibles. En bas de l'estampe, c'est-à-dire dans le coin à la gauche, on voit la lettre A gothique en grand charactère, ressemblant au monogramme décrit par Brulliot dictionnaire des monogrammes, I. p. 2 n. 10.

Ce sujet semblable à ceux de l'ars moriendi parait appartenir à la classe des gravures qui ont rapport aux premiers livres de gravure en bois, et dont quelquesunes ont été décrites dernièrement par Mr. Sotzmann, Kunstblatt 1850 n. 10. On se rappelle que Mr. Duchesne rapporte une suite complète de l'ars moriendi gravée en cuivre qu'il vit dans le cabinet de Mr. Francis Douce à Kensington. Une suite de 12 feuilles dans un livre écrit, se trouvant à Vienne, est décrite par Mr. Bartsch dans son ouvrage: la collection d'estampes de la bibliothèque imperiale à Vienne p. 124. Onze pièces, également avec un texte latin écrit, se trouvent à Cologne dans le musée dit Walrafianum. De plus on connait une suite de 12 feuilles, ayant la marque M. Z., qui se trouve au musée de Berlin, dans la collection du feu roi de Saxe (voir Frenzel dans la description de la dite collection p. 24) etc. Mais ces suites ou cycles sont d'une dimension beaucoup plus petite, tandis que notre estampe, encore qu'elle soit peut-être un peu rognée en haut, a 264 millimètres en hauteur et 190 millim. en largeur, et ne parait donc pas être une feuille détachée d'une suite de gravures de l'ars moriendi, mais une pièce indépendante. Elle ne se trouve décrite par aucun iconographe et est probablement unique.

TRÈS ANCIEN MAITRE ANONYME.

2. **Ecusson d'armes avec les instrumens de la passion.** L'écusson qui occupe le milieu de l'estampe est surmonté d'un heaume orné de la couronne d'épines et d'une main de Jésus Christ avec la plaie. Il est soutenu par l'agneau de Dieu et entouré par les quatre animaux symboliques des évangelistes, de plus par le Sauveur debout à la droite de l'estampe et tenant sa bannière de la main droite, et par la Vierge, à la gauche de l'estampe. A chaque côté du haut de la planche est un prophète à mi-corps tenant une banderole.

Cette estampe représente le même sujet qui a été gravé également par le maître de l'an 1466 (en contrepartie) et par Israël de Mecken (voir Bartsch VI p. 34 n. 88 et 89, VI p. 302 n. 104. Heineken, Neue Nachr. p. 355 n. 318. 319 et p. 460 n. 104), mais elle n'est ni de l'un ni de l'autre; comme elle est d'une couleur moins noire et pas encore imprimée par la presse, elle parait être plus ancienne et le modèle des autres. Hauteur 196 millimètres, Largeur 120 m. Notre épreuve est montée sur une feuille de parchemin et la main d'un réligieux ancien a ajouté avec de l'encre les noms des personnes et quelques passages de l'écriture sainte, de plus quelques gouttes de sang à la plaie de la main etc. La marge de 12 à 20 millimètres est toute noircie d'encre comme une bordure; du reste la conservation est parfaite. Estampe très curieuse, très belle et de la plus grande rareté.

MAITRE DE L'AN 1466.

3. **Jésus Christ debout** tenant d'une main le globe de la terre surmonté d'une croix, et donnant de l'autre la bénédiction; il est entouré de banderoles avec des inscriptions en lettres gothiques. On lit en haut à gauche: salvator mundi, à droite: salva me; plus bas à gauche: leret van mir wayl ich saenftmotdich byn und demodych van hertze, et à la droite le même en latin: discite a me quia mitis sum et humilis corde. Cette estampe, inconnue à Bartsch, est probablement la première feuille de la suite des apôtres décrite par Bartsch sous n. 38—49. Voir Duchesne, voyage d'un iconophile p. 221, où il cite cette pièce dans la description de la collection Nagler, qui fait partie maintenant de la collection royale à Berlin, et Passavant, Kunstblatt 1850 p. 220. Hauteur 96 millimètres, Largeur 64 m. Notre exemplaire est tout colorié par une main contemporaine. Extrêmement rare.

4. **S. Philippe** vu de profile et tourné vers la gauche; il lit, les lunettes sur le nez, dans un livre qu'il tient de la main droite, ayant dans l'autre un bâton, terminé en croix. B. 55. Epreuve magnifique, le papier un peu sale et à gauche un peu rogné. Extrêmement rare.

5. **S. Christophe** portant sur ses épaules l'enfant Jésus au passage d'une large rivière; ses pas sont dirigés vers la droite, il tient des deux mains un jeune arbre bien long, son manteau flotte en l'air; à droite sur l'escalier d'un rocher, au haut duquel on voit une maison entourée d'arbres, un ermite parait, la lanterne à la main; dans l'eau on aperçoit des Sirènes, des cignes, un rocher et un vaisseau, et dans le fond à gauche une église et les murs d'une ville; sur le devant se trouvent des plantes et un oiseau assis sur un petit tronc d'arbre. Sans marque. C'est une des plus importantes et des plus belles pièces du maitre, non

décrite. Hauteur 145 millim., Larg. 105 m. L'épreuve est superbe et bien conservée, seulement on voit des lignes carrées rouges faiblement tirées sur toute la feuille. A Berlin il y a un second exemplaire de cette estampe presque unique.

6. **Le martyre de S. Sebastien** attaché à un tronc d'arbre et entouré de trois bourreaux armés d'arbalètes, un quatrième se trouve dans le milieu du fond. B. 75. Epreuve très fine et superbe de cette riche composition, et très bien conservée, seulement il y a quelques très petites taches rouges. De la plus grande rareté.

7. **Un chevalier armé** s'appuyant de la main droite sur un écusson, et une femme tenant de la main gauche un casque et s'appuyant de la droite sur l'épée du chevalier. Une répétition avec quelques variations du n. 91 de l'oeuvre du maître, non décrite. Hauteur 125 millimètres, Larg. 79 m. Très belle épreuve d'une jolie pièce, manque un peu de l'angle inférieur gauche. Extrêmement rare.

8. **La lettre Y.** de Bartsch, réellement la lettre H., composée d'un homme portant sur l'épaule un quartier de rocher, d'un nain et d'un chien mordant un autre animal, qu'un homme soutient le derrière en haut. B. 95. Très belle épreuve, d'une conservation parfaite, avec le monogramme de Martin Schongauer en bas à droite, n'étant pas peint au pinceau, comme Mr. Quandt l'assure de son exemplaire d'une autre lettre, dans la description de sa collection d'estampes p. 39 n. 5 et 8. C'est l'état indiqué par Heineken, Neue Nachrichten p. 423, revoqué en doute par Bartsch, peintr. grav. VI p. 180. Deux autres pièces (les lettres A et O) ayant la même marque se trouvent citées dans l'ouvrage de Mr. Bartsch le jeune: la collection d'estampes de la bibliothèque imperiale à Vienne p. 107. Notre exemplaire provient de la célèbre collection du duc de Buckingham. Extrêmement rare.

ESTAMPES DES VIEUX MAITRES ANONYMES DU XV SIÈCLE NON MENTIONNÉES PAR BARTSCH:

9. **S. Judas** debout, vu de face, couvert d'un long et large manteau et dirigé vers la droite, tenant de la main droite une longue scie et de l'autre faisant un geste; le terrain est carrelé, sur le fond à hauteur de la tête du Saint on voit à gauche la lettre S., et à droite le nom Juda en charactères gothiques. La lettre S., qui signifie Sanctus, est le chiffre qui passait pour un monogramme chez Mss. Christ, Heinecken (Neue Nachr. p. 370) etc. Voir Brulliot, dictionn. des monogr. I p. 192 n. 1520[b]. Cette pièce qui fait partie d'une suite des apôtres non décrite, porte en hauteur 148 millimètres, en largeur 80 m. Très belle épreuve. Extrêmement rare.

10. **S. Pierre** debout, tenant un livre de la main droite, dont il tourne les feuilles avec la gauche.

    Ce numéro et les cinq suivants font partie d'une autre suite des apôtres gravée par un très ancien maître et non décrite par les iconographes. Le travail ressemble le plus aux estampes de François de Bocholt. Les épreuves sont superbes et d'une fraîcheur admirable, mais elles sont découpées tout autour, de manière que les figures, qui sont montées sur gros papier, restent toutes seules. Hauteur 145 à 150 millimètres, Largeur 70 à 80 m. Extrêmement rares.

11. **S. Andrée** debout, tenant de la main droite une grande croix en sautoir. De même.

12. **S. Philippe** debout, tenant un livre ouvert de la main droite et de l'autre un bâton surmonté d'une croix. De même.

13. **S. Barthélemy** debout, tenant un couteau de la main droite et de l'autre un livre. De même.

14. **S. Judas** Thadée debout, tenant de la main droite une massue et de l'autre un papier roulé. De même.

15. **S. Thomas** debout, tenant une lance de la main gauche. De même.

16. **La sainte vierge** assise sur un banc dans une chambre et allaitant l'enfant Jésus; à gauche on voit un lit, à droite dans le fond une porte ouverte, le terrain est carrelé; au milieu d'en bas un monogramme inconnu et difficilement déchiffrable (K). Pièce ronde. Diam. 49 millim. Extrêmement rare.

LE MAITRE AU MONOGRAMME VCM (NON DÉCRIT.)

17. **S. Christophe** portant sur ses épaules l'enfant Jésus au passage d'une rivière; ses pas sont dirigés vers la droite; du même côté on voit entre des rochers un ermite, la lanterne à la main, et sur le devant à gauche une fleur élevée. Le sujet est analogue à celui de l'estampe du monogrammiste n. 314, décrite par Bartsch VI p. 411, qui est une copie en contrepartie du n. 48 de l'oeuvre de Martin Schongauer; mais le monogramme de notre estampe est d'une forme tout-à-fait différente. Haut. 160 millim., Larg. 113 m. Epreuve très ancienne, très bien conservée. De la plus grande rareté.

LE MAITRE AU MONOGRAMME HTVA (NON DÉCRIT.)

18. **Tête d'homme** tournée vers la droite, les cheveux entrelacés d'une écharpe, peut-être un des trois mages qui viennent adorer l'enfant Jésus, probablement d'après un dessin de M. Schongauer; au milieu d'en bas le monogramme ci-devant décrit. Haut. 112 millim., Larg. 76 m. Estampe très curieuse, probablement unique, épreuve magnifique, mais malheureusement trouée au milieu de l'estampe.

ESTAMPES DES VIEUX MAITRES ANONYMES DU XV SIÈCLE MENTIONNÉES PAR BARTSCH (TOM. X).

19. **Jésus Christ** attaché à la croix, à gauche la vierge, à droite S. Jean. Bartsch X p. 6 n. 11. Très rare.

20. 13 F. **Jésus Christ et les douze apôtres** debout sur un terrain plat et carré, représenté en perspective. Jésus Christ tient le globe de la terre de la main gauche, de

l'autre il donne la bénédiction, à gauche on lit dans une banderole: ego sum via, veritas et vita. Chaque apôtre porte son nom dans une auréole qui entoure sa tête, et est de plus environné d'une banderole qui offre un article du symbole de la foi ou du Credo, écrit en lettres gothiques. Suite de treize estampes. B. X p. 17 n. 15—27. Suite complète, toutes les treize pièces, gravées d'une taille très fine, sont superbes d'épreuve et parfaites de conservation, avec de la marge, formant une suite égale. Elles proviennent de la collection du Cardinal Fesch. De la plus insigne rareté.

21. **S. Pierre** assis sur une espece de canapé, tenant un livre et une grande clef (copie en contrepartie d'après le n. 73. du graveur de l'an 1466). Bartsch X p. 20 n. 28.

Cette pièce et les six suivantes font partie de la suite des douze apôtres représentés assis, décrite par Bartsch X p. 20 n. 28—39. Les épreuves paraissent d'être d'un temps un peu plus recent que le maître (la marque du papier est une grappe de raisin), elles sont très belles et d'une conservation parfaite, avec marges. Extrêmement rares.

22. **S. Andrée** assis sur un banc, avec un livre et la croix. B. 29. De même.

23. **S. Philippe** assis sur un siège de bois, tenant un livre et un bâton terminé en croix. B. 30. De même.

24. **S. Judas Thadée** assis sur un banc, tenant une croix et un papier roulé. B. 35. De même.

25. **S. Jacques le mineur** assis sur une espèce de piédestal, tenant un livre et une massue. B. 37. De même.

26. **S. Paul** assis sur une espèce de fauteuil, tenant une grande épée. B. 38. De même.

27. **S. Mathieu** assis sur une espèce de siège de campagne, tenant une équerre. B. 39. De même.

28. **S. Marthe** debout, tenant une cruche de la main gauche et de l'autre un plat avec quelques raisins et un pain. B. X p. 30 n. 55. Superbe épreuve de cette belle estampe

qui approche tout-à-fait de la manière des dessins de Martin Schongauer, mais rognée (Hauteur 208 millim., Larg. 83). Extrêmement rare. 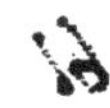

29. **La S. Trinité,** au haut de la gauche une banderole avec ces mots: p̄o filio non peperci. B. X p. 35 n. 68. L'épreuve de cette estampe, gravée par le maître de la suite ci-devant mentionnée de Jésus Christ et des douze apôtres, est magnifique et d'une conservation parfaite, avec marges, provenant de la collection du Cardinal Fesch. De la plus grande rareté. 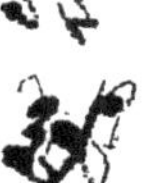 

30. **Les oiseaux combattants,** un deux d'un jeu de cartes allemandes. B. X p. 110 n. 5. Epreuve superbe, mais collée et à deux coins restaurée. Rarissime. 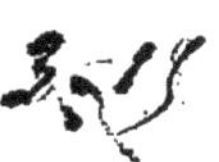

FRANÇOIS DE BOCHOLT.

31. **Le jugement de Salomon.** B. 2. Pièce capitale du maître, extrêmement rare, très fine épreuve; une déchirure en travers de l'estampe très bien restaurée. 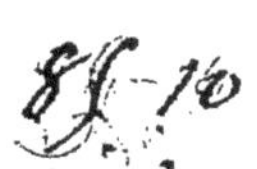

LE MAITRE A LA NAVETTE (ZWOTT).

32. **Jésus Christ** à la croix entre les deux larrons. B. 9. Epreuve superbe de cette pièce extrêmement rare, quelques plis et petites déchirures soigneusement raccommodées, la marge du bas, avec le monogramme, coupée. 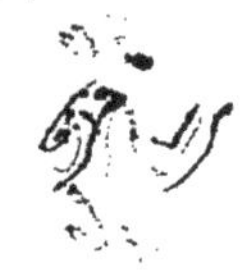

LE MAITRE AU MONOGRAMME N. 200 DE BARTSCH (LCz. B. VI p. 361).

33. **L'entrée de Jésus Christ à Jerusalem.** B. 2. Pièce capitale et magnifique, extrêmement rare. Notre exemplaire qui porte 230 millimètres de hauteur et 182 de largeur (Mr. Bartsch ne décrit qu'une épreuve coupée), provient de la collection Ackermann (voir n. 72 du catalogue), à la vente de laquelle feu Mr. Weber l'a achetée pour 72 écus de Prusse. 

MATHIEU ZAYSSINGER.

34. **S. Christophe.** B. 7. Superbe épreuve et très bien conservée. Très rare. 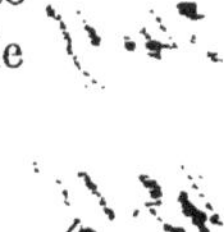

MARTIN SCHONGAUER.

35. **La nativité.** B. 4. Epreuve de la plus parfaite et rare beauté.

36. La même estampe. Epreuve superbe d'une rare conservation.

37. **La fuite en Egypte.** B. 7. Epreuve superbe d'une conservation parfaite.

38. **Jésus à la montagne des oliviers.** B. 9. Epreuve d'une beauté incomparable, malheureusement l'angle inférieur droit et le monogramme au milieu du bas ont été coupés; ils sont très bien restaurés.

39. **La prise de Jésus Christ.** B. 10. Epreuve superbe et pleine de couleur, parfaite de conservation.

40. La même estampe. Epreuve de toute beauté. Le monogramme en bas a été coupé, il est très bien restauré; du reste la conservation est parfaite.

41. **Jésus Christ devant le grand prêtre.** B. 11. Epreuve superbe et fine de ton, d'une conservation parfaite.

42. La même estampe. Epreuve superbe.

43. **La flagellation.** B. 12. Epreuve magnifique et d'une conservation parfaite.

44. **Le couronnement d'épines.** B. 13. Admirable épreuve d'une conservation parfaite.

45. **Jésus Christ devant Pilate.** B. 14. Epreuve superbe, fine de ton, parfaite de conservation hors quelques taches légères.

46. La même estampe. Superbe épreuve, un peu chargée de couleur, le coin supérieur gauche très bien restauré.

47. **Jésus Christ présenté au peuple.** B. 15. Epreuve superbe, mais brune de ton.

48. **Le portement de croix.** B. 16. Epreuve superbe et argentée de ton, parfaite de conservation hors quelques taches légères.

49. **Le crucifiement.** B. 17. Epreuve superbe, un peu tachée.

50. **La sepulture.** B. 18. Epreuve superbe; elle est sans marge.

51. **La descente aux limbes.** B. 19. Epreuve d'une beauté extraordinaire et d'une conservation parfaite.

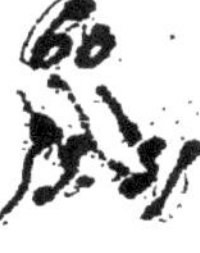

52. **La resurrection.** B. 20. Epreuve d'une admirable beauté et d'une conservation parfaite.

53. **La vierge au perroquet.** B. 29. Belle épreuve d'une pièce charmante et extrêmement rare.

54. **La vierge assise sur un siége de gazon.** B. 30. Très belle épreuve d'une pièce fort rare.

55. **La vierge couronnée par deux anges.** B. 31. Très belle épreuve de cette charmante et très rare estampe, un peu manquant de conservation.

56. **S. Antoine** tourmenté par les démons. B. 47. Très belle épreuve de cette célèbre estampe, manquant de 10 millimètres en hauteur, en largeur de 8 mill., un peu tachetée. Bartsch: „cette estampe est une des plus considérables et des plus rares de l'oeuvre. Vasari en parle avec éloge et rapporte, que Michel-Ange en avait colorié une épreuve dans sa jeunesse, touché de la bizarrerie et de la variété qui se trouve dans cette composition."

57. **S. Jacques de Compostella** combattant contre les infidèles. B. 53. Epreuve superbe de cette pièce capitale; manquent 17 millimètres de la largeur, de la hauteur 14 mill.; dans le fond en haut quelques déchirures et petits trous restaurés et le coin inférieur gauche ajouté. Très rare.

58. **S. Martin** ayant à ses pieds un pauvre estropié, pour lequel il coupe un morceau de son manteau. B. 57. Epreuve magnifique et d'une conservation extraordinaire.

59. **S. Michel** perçant d'une lance le démon. B. 58. Epreuve de la plus grande beauté et d'une conservation extraordinaire.

60. **Dieu assis sur le trône.** B. 70. L'épreuve de cette admirable estampe a été superbe, mais par quelques manipulations la couleur est enlevée un peu dans les parties ombrées.

61. 5 F. **Les vierges sages.** Suite de cinq estampes. B. 77—81. Epreuves magnifiques, provenant de la collection du duc de Buckingham; au n. 77. une très petite déchirure dans le fond à droite. Extrêmement rare.

62. 5 F. **Les vierges folles.** Suite de cinq estampes. B. 82—86. Epreuves magnifiques, provenant de la collection du duc de Buckingham; au n. 85 deux plis d'empression. Extrêmement rare.

63. **Une des vierges folles** à mi-corps. B. 87. Epreuve magnifique, un peu rognée, provenant des collections Barnard, Debois et Delessert.

64. La copie en contrepartie de cette estampe par le maître du monogramme n. 321 de Bartsch, probablement Urs Graf, décrite par Bartsch VI p. 390 n. 1.

65. **Armoirie de forme ronde:** un ange à ailes déployées tenant un écu coupé à un lion. B. 96. Admirable épreuve d'une conservation parfaite.

66. **Armoirie de forme ronde:** une femme sauvage avec un enfant qu'elle allaite tenant un écu avec une tête de lion. B. 100. Epreuve superbe. Coll. W. Esdaile.

67. **Armoirie de forme ronde:** un paysan assis tenant un écu avec deux demivols adossés. B. 102. Belle épreuve. Coll. W. Esdaile.

68. **Armoirie de forme ronde:** un sauvage avec une massue tenant un écu avec un levrier. B. 103. Epreuve superbe. Coll. W. Esdaile.

69. **Rinceau d'ornemens au hibou.** B. 108. Epreuve superbe, provenant des collections Praun, Fries (Rechberger 1802) et Brooke. Une copie de cette pièce charmante et extrêmement rare se trouve chez Ottley (a collection of fac-similes of scarce and curious prints by the early Masters, édition de 1826, planch. 41).

70. **Rinceau d'ornemens aux mûres.** B. 115. Très belle épreuve, les angles supérieurs un peu endommagés. Extrêmement rare.

ISRAEL DE MECKEN.

71. **Samson tuant un lion.** B. 3. Epreuve superbe, parfaite de conservation.

72. **La danse d'Hérodiade.** B. 9. Pièce capitale, épreuve su-

perbe, provenant de la collection du Cardinal Fesch. Extrêmement rare.

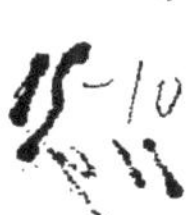

73. **Le lavement des pieds.** B. 10. Epreuve très vigoureuse de ton du second état (voir Ackermann, Kunstblatt 1852 n. 9); l'angle supérieur gauche un peu restauré. Coll. Brisart.

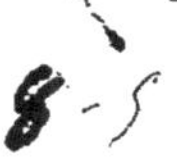

74. **La prise de Jésus Christ.** B. 11. Belle épreuve du troisième état d'Ackermann; le coin supérieur gauche un peu rogné.

75. **Jésus Christ amené à Caiphe.** B. 12. Epreuve très vigoureuse de ton avec la lettre M gothique sur le drapeau du juif; à droite un peu rognée et le coin droit supérieur restauré.

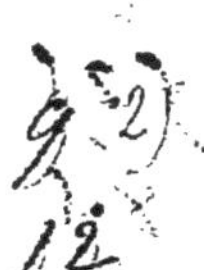

76. **La flagellation.** Belle épreuve du second état, très bien conservée. Coll. Brisart.

77. **Le couronnement d'épines.** Epreuve superbe du second état, avant les contretailles audessous de la petite fenêtre dans le fond. Coll. Brisart.

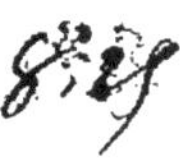

78. La même estampe. Très belle épreuve du même état; à la gauche le papier mince.

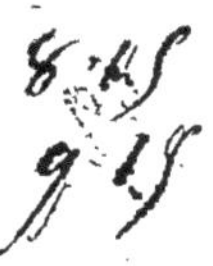

79. **Jésus Christ amené chez Pilate.** B. 15. Très belle épreuve du second état; les angles du bas restaurés. Coll. Brisart.

80. **Jésus Christ montré au peuple.** B. 16. Epreuve du premier état, avant les contretailles sur le mur audessus de la fenêtre dans le fond à gauche; en bas un peu rognée, et tachetée.

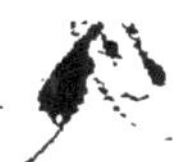

81. **Le portement de croix.** B. 17. Bonne épreuve du second état, avec marges. Coll. Brisart.

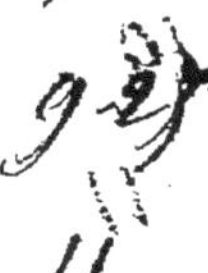

82. **Le crucifiement.** B. 18. Très belle épreuve du second état avec la lettre A sur le drapeau, mais avant beaucoup de travaux sur la montagne à gauche.

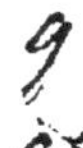

83. **Descente de croix.** B. 19. Epreuve très vigoureuse de ton du second état. Coll. Brisart.

84. **La resurrection.** B. 20. Epreuve très vigoureuse de ton du second état. Coll. Brisart.

85. **Jésus Christ à Emaus.** B. 21. Très belle épreuve du second état; l'angle inférieur gauche un peu restauré.

86. **La mort de la vierge.** B. 40. Epreuve superbe d'une rare beauté.

87. 6 F. **Les douze apôtres,** deux à deux dans une niche, avec les articles du Credo. Suite de six estampes. B. 79—84. Suite complète, provenant des collections de Strawberry Hill et Debois; toutes les pièces sont de la dernière beauté et d'une conservation extraordinaire; seulement les marges blanches du bas ont été coupées des deux côtés, de manière que le monogramme seul reste au milieu; au n. 84 une déchirure à la droite restaurée. De la plus grande rareté.

88. **S. Christophe.** B. 90. Belle épreuve, avec marges. Le papier un peu sale.

89. **S. Laurent** avec le gril et la palme (copie en contrepartie du n. 56 de l'oeuvre de M. Schongauer). B. 106. Très belle épreuve.

90. **Le moine et la religieuse.** B. 176. Très belle épreuve d'une conservation parfaite. Une copie de cette rare estampe se trouve chez Ottley (a collection of fac-similes etc., édition de 1826, planch. 36).

91. **L'officier et sa maitresse.** B. 182. Admirable épreuve d'une conservation parfaite. Une belle copie de cette charmante estampe se trouve chez Ottley, planch. 35. Extrêmement rare.

92. **Le groupe de quatre femmes nues.** B. 185. Epreuve magnifique de cette rare estampe.

93. **Le bain des enfans.** B. 187. Belle épreuve de cette rare pièce; à gauche manquent 3 millim.

94. La même estampe. Epreuve magnifique d'un état antérieur, avant beaucoup de travaux ajoutés après, par ex. sur le bras droit, sur les yeux, sur le cou de l'enfant qui est dans la cuve à gauche etc.; mais brune de ton; au milieu il y a de petits trous, et à gauche manquent 3 millim.

95. **Un entrelacs de rinceaux d'ornemens** au milieu desquels un jeune homme auprès d'une femme. B. 205. Belle pièce et extrêmement rare, épreuve d'une rare beauté.

ALBERT GLOCKENTON.

96. **La descente de Jésus Christ aux limbes.** B. 12. Epreuve magnifique, pleine de barbes, parfaite de conservation. 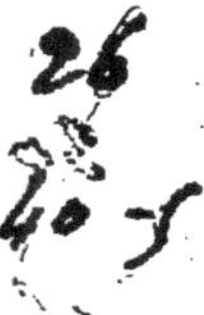

97. **La mort de la vierge** (copie exacte de n. 33 de l'oeuvre de M. Schongauer). B. 17. Epreuve magnifique de la plus grande rareté. 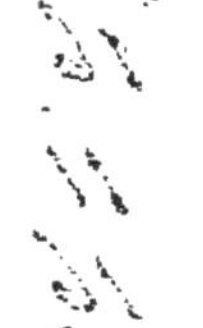

ALBERT DURER.

a) Gravures sur cuivre.

98. 16 F. **La passion de Jésus Christ.** Suite de seize estampes. B. 3—20. Suite complète, épreuves superbes d'une grande fraîcheur, formant une suite tout-à-fait égale et parfaite de conservation. 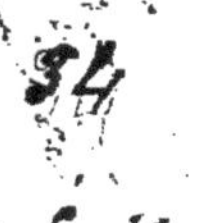

99. 16 F. La même suite complète, les épreuves moins égales, quelquesunes superbes, B. 4 avec 3 millimètres de marge.

100. **L'homme de douleur.** B. 3. Epreuve superbe.

101. **Jésus Christ saisi par les Juifs.** B. 5. Epreuve superbe, signée : P. Mariette 1660.

102. **Pilate se lavant les mains.** B. 11. Très belle épreuve avec de la marge. 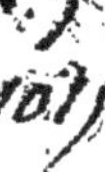

103. La même estampe, épreuve magnifique avec une marge de 2 à 3 millimètres.

104. **Le portement de croix.** B. 12. Admirable épreuve avec une marge de 2 à 3 millimètres. 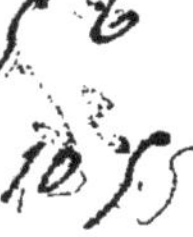

105. **La resurrection.** B. 17. Epreuve superbe, sans marge.

106. **Jésus Christ en prières au jardin des olives.** B. 19. Très belle et ancienne épreuve; une petite déchirure près de la marge d'en haut bien restaurée.

107. **Jésus Christ expirant sur la croix.** B. 24. Belle épreuve de cette rare estampe. 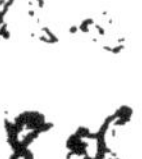

108. **La face de Jésus Christ** soutenue en l'air par deux anges. B. 25. Très belle épreuve. 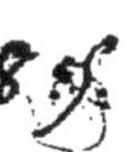

109. **La face de Jésus Christ,** gravée sur une planche d'étain. B. 26. Epreuve superbe, provenant des collections Ma-

riette, Debois, Delessert; avec une marge de 13 à 16 millimètres.

110. **L'enfant prodigue.** B. 28. Superbe épreuve de cette pièce capitale; un pli d'empression allant en travers de l'estampe et le coin supérieur gauche sont restaurés.

111. **La vierge aux cheveux courts** liés avec une bandelette. B. 33. Epreuve superbe de cette jolie pièce.

112. **La vierge assise** embrassant l'enfant Jésus. B. 35. Epreuve superbe, sans marge.

113. **La vierge donnant le sein à l'enfant Jésus.** B. 37. Epreuve superbe.

114. La même estampe. Très belle épreuve.

115. **La vierge couronnée par un ange.** B. 36. Très belle épreuve.

116. **La vierge avec l'enfant Jésus emmailloté.** B. 38. Epreuve superbe.

117. **La vierge couronnée par deux anges.** B. 39. Epreuve superbe, un peu tachetée.

118. La même estampe. Epreuve superbe, sans marge.

119. **La vierge assise** au pied d'une muraille. B. 40. Epreuve magnifique.

120. La même estampe. Epreuve superbe d'une conservation extraordinaire, avec 14 à 19 millimètres de marge.

121. **La vierge à la poire.** B. 41. Epreuve superbe.

122. La même estampe. Epreuve superbe; à la partie inférieure de l'estampe quelques petites taches jaunes.

123. **La sainte famille au papillon.** B. 44. Epreuve magnifique du premier état avant-que la figure de la vierge n'ai été changée. Très rare.

124. 5 F. **Les cinq disciples de Jésus-Christ.** Suite de cinq estampes. B. 46—50. Suite complète, épreuves superbes, les bords des planches encore sales, formant une suite égale et parfaite de conservation. Très rare.

125. **S. Paul,** la plus belle estampe de la suite précédente. B. 50. De même.

126. **S. Christophe** à la tête retournée. B. 51. Très belle épreuve, avec 6 à 7 millimètres de marge.

127. La même estampe. Epreuve superbe d'une rare beauté, avec 5 millim. de marge.

128. **S. Christophe.** B. 52. Epreuve superbe avec de la marge.

129. **S. George** à pied. B. 53. Epreuve magnifique.

130. **S. Sebastien** attaché à un arbre. B. 56. Très belle épreuve.

131. **S. Eustache.** B. 57. Epreuve magnifique de cette pièce capitale (marque du papier: la couronne); le papier d'un ton gris et sans marge.

132. La même estampe. Epreuve superbe.

133. **S. Jerôme dans sa cellule.** B. 60. Epreuve superbe de cette pièce capitale; le bord de la planche encore visible.

134. **S. Jerôme en pénitence.** B. 61. Epreuve d'un ton extrêmement vigoureux, provenant de la collection du Cardinal Fesch; une déchirure qui occupait tout le milieu de l'estampe, est très bien restaurée.

135. **S. Généviève.** B. 63. Epreuve d'une beauté incomparable (marque du papier: tête de boeuf).

136. **La famille du Satyre.** B. 69. Epreuve magnifique avec 3 à 4 millim. de marge.

137. La même estampe. Epreuve superbe; l'angle inférieur droit très bien restauré.

138. **Cinq études de figures.** B. 70. Epreuve superbe et d'une rare clarté.

139. **L'enlèvement d'Amymone.** B. 71. Epreuve de toute beauté et d'une conservation parfaite.

140. La même estampe, presque aussi belle.

141. **Le ravissement d'une jeune femme.** B. 72. Très belle épreuve d'une clarté parfaite.

142. **L'effet de la jalousie.** B. 73. Epreuve magnifique d'une beauté admirable, les bords de la planche n'étant pas encore nettoyés, et d'une conservation extraordinaire, avec une marge de 8 à 10 millimètres; elle a pour filigrane la couronne et en bas la marque de la collection de Sir Peter Lely.

143. **La mélancholie.** B. 74. Epreuve superbe de cette pièce capitale.

144. **Le groupe des quatres femmes nues.** B. 75. Epreuve magnifique, mais rognée à la droite.

145. **L'oisiveté.** B. 76. Epreuve superbe au papier de la couronne, mais manquant un peu de conservation.

146. **La grande fortune** ou la Pandore. B. 77. Epreuve superbe d'une rare beauté et d'une conservation extraordinaire, avec une marge de 3 à 7 millimètres, provenant de la collection du Cardinal Fesch.

147. **La petite fortune.** B. 78. Epreuve superbe (marque du papier: tête de boeuf).

148. **La justice.** B. 79. Epreuve de la plus grande beauté, provenant des collections Ortelius, Fries, Verstolk de Soelen.

149. **La dame à cheval.** B. 82. Très belle épreuve.

150. **L'hôtesse et le cuisinier.** B. 84. Epreuve superbe de cette charmante pièce.

151. **L'Oriental et sa femme.** B. 85. Epreuve de la plus parfaite beauté, parfaitement conservée (marque du papier: tête de boeuf).

152. **L'enseigne.** B. 87. Epreuve superbe, parfaite de conservation (tête de boeuf).

153. **L'assemblée des gens de guerre.** B. 88. Très belle épreuve de cette rare estampe.

154. **Le paysan de marché.** B. 89. Epreuve superbe, parfaite de conservation.

155. **Le branle.** B. 90. Epreuve d'une rare beauté, signée: P. Mariette 1660.

156. **Le violent.** B. 92. Epreuve superbe, parfaite de conservation.

157. La même estampe. Très belle épreuve, sans marge. Coll. Robert-Dumesnil.

158. **Le seigneur et la dame.** B. 94. Epreuve superbe (tête de boeuf), une déchirure à droite; en bas restaurée.

159. **Le pourceau monstrueux.** B. 95. Epreuve de la plus grande beauté.

160. **Le petit cheval.** B. 96. Epreuve superbe, sans marge et doublée.

161. **Philippe Melanchton.** B. 105. Belle épreuve, parfaite de conservation, avec 6 à 7 millim. de marge.

162. **Bilibald Pirckheimer.** B. 106. Epreuve superbe d'une conservation parfaite, avec de la marge.

b) Gravures sur bois.

163. **Les trois rois** apportant des présens à l'enfant Jésus. B. 3. Très belle épreuve, avec quelques petites déchirures.

164. **Jésus-Christ couronné d'épines,** le titre de la grande passion. B. 4. Epreuve superbe, sans les inscriptions. Rare.

165. **Le calvaire.** B. 59. Epreuve superbe de la plus grande clarté.

166. 20 F. **La vie de la vierge.** Suite de vingt estampes. B. 76—95. Suite complète et parfaite de conservation, provenant de la collection Debois. Dans cette suite les n. 77. 79. 81. 82. 83. 84. 86. 88. 91. 92. 95 sont d'une rare beauté, avant le texte latin au verso, au papier à la couronne et à la tête de boeuf, les n. 76. 78. 80. 89. 93. 94 très beaux, les n. 85. 87. 90 moins beaux.

167. **La sainte famille,** composition de plusieurs figures. B. 97. Epreuve superbe.

168. **La vierge avec l'enfant,** S. Joseph et quatre anges. B. 99. Belle épreuve.

169. **La sainte famille** dans une chambre voutée. B. 100. Très belle épreuve.

170. **La vierge avec l'enfant** entourée d'un grand nombre d'anges. B. 101. Epreuve d'une rare beauté.

171. **La sainte famille avec les lapins.** B. 102. Très belle épreuve, avec quelques déchirures à côté droit.

172. **St. Christophe.** B. 103. Epreuve magnifique.

173. **St. Christophe.** B. 104. Très belle épreuve.

174. **S. Elie** et le corbeau. B. 107. Epreuve superbe.

175. **Les saints Etienne, Grégoire et Laurent.** B. 108. Epreuve superbe, avec quelques petites taches.

176. **Un saint à genoux** qui se mortifie avec la discipline. B. 119. Très belle épreuve.

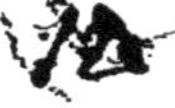
177. **La sainte Trinité.** B. 122. Epreuve magnifique de cette pièce capitale.

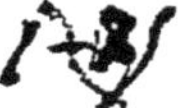
178. **Hérodiade** recevant la tête de S. Jean Baptiste. B. 126. Très belle épreuve.

179. **Ulric Varnbuler.** B. 155. Superbe épreuve.

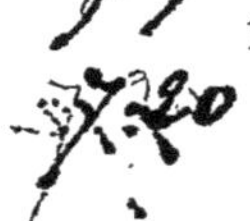
180. **Tête de Christ couronnée d'épines.** B. append. 26. Morceau capital; la moitié du monogramme à la marge inférieure est coupée.

LE MAITRE AU MONOGRAMME
(Brulliot p. 34 n. 241.)

181. **La petite fortune** (n. 77 de l'oeuvre de Durer en contrepartie). Epreuve superbe.

LE MAITRE AU MONOGRAMME
(Brulliot p. 391 n. 2971.)

182. **Les trois paysans en conversation.** Copie à l'eau forte, (on croit par Prestel) du n. 86 de l'oeuvre de Durer.

LUCAS CRANACH.

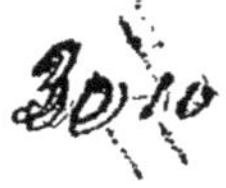
183. **St. Christophe.** B. 58. Ancienne épreuve magnifique en clairobscur. Très rare.

LOUIS KRUG.

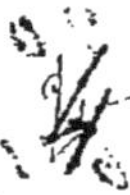
184. **La nativité.** B. 1. Epreuve vraiment ancienne, ayant appartenue à M. Debois dont elle porte les initiales au verso; brune de ton et rognée. Très rare.

HENRI ALDEGREVER.

185. **Dessin d'un poignard.** B. 270. Superbe épreuve, parfaite de conservation. Très rare.

GEORGE PENCZ.

186. 6 F. **Les six triomphes** décrits par Petrarque. Suite de six estampes. B. 117—122. Très belles épreuves formant une suite égale, provenant de la collection J. Barnard; les bordures encore visibles.

187. **Portrait de Jean Frédéric,** électeur de Saxe, surnommé le magnanime. B. 126. Pièce capitale, épreuve superbe. Rare.

JACQUES BINCK.

188. **Portrait de Christierne,** roi de Dannemark (Bartsch décrit ce beau portrait gravé à l'eau forte tom. IX p. 230 comme „pièce faussement attribuée à H. Lautensack"). Très belle épreuve.

HANS SEBALD LAUTENSACK.

189. **Paysage,** à droite un rocher surmonté d'un château. B. 25. Très belle épreuve.

190. **Paysage,** à droite un rocher surmonté d'arbres. B. 26. Très belle épreuve.

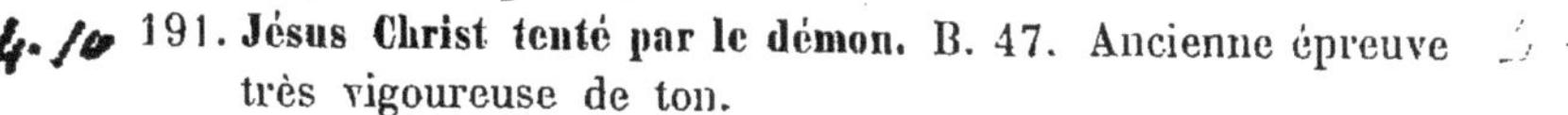

191. **Jésus Christ tenté par le démon.** B. 47. Ancienne épreuve très vigoureuse de ton.

ADAM ELZHEIMER.

192. **Paysage,** à gauche de l'eau, au milieu sur un monticule un satyre assis jouant de la flûte, près de lui une nymphe, vers la droite deux autres satyres et encore une nymphe. Une des pièces mentionnées par Sandrart, décrite ni par Passavant ni par Weigel qui a donné la description de deux autres eaux-fortes de ce genre dans son catalogue des objets d'art n. 16536 et 17218. Hauteur 84 millim. Larg. 108. Très belle épreuve, avec une petite marge. Extrêmement rare, sinon unique.

JEAN GUILLAUME BAUR.

Les deux eaux-fortes suivantes ont été attribuées aux maîtres les plus différents. Mr. Weigel les croit gravées par un des de Wael.

193. **Les voyageurs,** à droite une dame à cheval tenant un enfant. J. Wilh. Baur inv. F. v. Wyng. exc. Très belle épreuve. On lit en bas à droite, écrit avec de l'encre d'une maine ancienne: Yuan van den Wyngaerde.

194. **Danse de paysans** italiens près d'un grand arc de pierre. Voir Weigel supplém. au peintr. grav. de Bartsch p. 310. b.

WENCESLAS HOLLAR.

L'oeuvre superbe et extrêmement riche de Hollar sera vendu à part.

LE PRINCE RUPERT.

a) en manière noire:

195. **Buste d'un vieillard** à tête nue, tourné vers la gauche, du même côté en haut le monogramme du maître avec la couronne. Pièce décrite par Evelyn (the old man's head), W. Schorn, Kunstbl. 1840 n. 30. Weigel, Kunstcatal. n. 10670. Extrêmement rare, presque unique.

196. **Buste d'un jeune homme** dirigé vers la droite, couvert d'un large bonnet qui est orné d'une plume. Sans marque. Très belle épreuve, mais rognée de tous côtés (Haut. 180 mill. Larg. 160). C'est probablement le portrait du Prince Rupert gravée par son élève W. Vaillant, voir Laborde hist. de la gravure en manière noire. Extrêmement rare.

197. **Buste d'un jeune homme** dirigé vers la droite d'où vient le jour, la tête est couverte d'un bonnet orné d'une plume, il porte une petite croix attachée à un ruban sur la poitrine. Sans marque. Pièce non décrite. Haut. 181 millim. Larg. 138. Belle épreuve avec marge. L'authenticité de cette pièce extrèmement rare n'est pas garantie: le faire est différent des autres pièces du maitre.

b) à l'eau forte:

198. **Gueux italien** à genoux, dans le genre de Callot; il est dirigé vers la gauche, tournant sa tête vers le ciel; dans le fond un paysage avec une rivière, à gauche on voit deux tours, une maison et trois personnes, à droite une gondole avec quelques personnes. Pièce très librement gravée. Voir Warburton memoirs of Prince Rupert. London 1849. L'épreuve rognée de tous côtés a 228 mill. de hauteur et 150 de largeur; elle a été carrée et manque de conservation. Rarissime.

JEAN HENRI ROOS.

199. 13 F. **Différens animaux.** Suite de treize estampes. B. 18—30. Suite complète, épreuves magnifiques et

parfaites de conservation avec marges, du premier état avec le titre allemand, avant le numéro et les chiffres et avant les inscriptions sur n. 19 et 25. Extrêmement rare.

JEAN PHILIPPE LEMBKE.

200. **Le fauconnier à cheval.** Belle et rare pièce, très belle épreuve avec de la marge.

DANIEL SCHULTZ.

201. **La fable du paon désempenné.** Pièce très spirituelle, décrite par Frenzel, Kunstblatt 1826 p. 370. Nagler n. 1. Epreuve superbe. Très rare.

MATHIEU SCHEITS.

202. 2 F. **Le lunettier.** M. Scheits fe. 1676. Très belle épreuve d'une pièce rare avec une copie en contrepartie. Rare.

203. 2 F. **Les paysans en conversation.** M. Scheits fe. 1676. Nagler n. 12. L'original et la copie en contrepartie. Rare.

JACQUES CHRISTOPHE LE BLON.

204. **Tête de Rembrandt** avec bonnet, en couleur. Belle pièce, non décrite. Haut. 280 millimètres, Larg. 204. Extrêmement rare, peut-être unique.

CHR. GUIL. ERN. DIETRICH.

Toutes les pièces sont parfaites de conservation et la plupart à grandes marges.

205. **La nativité.** Link 10. Premier état avant beaucoup de travaux et avant le numéro. Très rare.

206. **Descente de croix.** L. 24. Premier état, rare.

207. **S. Jacques prêchant.** L. 30. Premier état très rare, avant le nom et le millésime et avant que la planche n'ait été nettoyée.

208. **S. Philippe baptisant l'Eunuque.** L. 31. Premier état avant que la planche n'ait été nettoyée et avant le numéro.

209. **Le chanteur de cantiques.** L. 74. Premier état fort rare, avant les tailles entre l'arbre et la maison.

210. **Le rémuleur.** L. 75. Premier état très rare, avant la plume sur le chapeau du rémouleur.

211. **Le colporteur** montrant sa marchandise à une femme. L. 76. Premier état très rare, avant que le trait le l'angle du bas à gauche n'ait été bien formé.

212. **Halte des muletiers.** L. 123. Second état très rare, avant le numéro.

213. 2 gravures sur une même feuille, savoir: le rocher au bord du chemin. L. 126. Ier état avant beaucoup de travaux, extrêmement rare; et le rocher au pied de la montagne. L. 128. Ier état à l'eau forte pure avant le nom, extrêmement rare.

214. **La chaumière des ermites.** L. 131. Ier état extrêmement rare, avant beaucoup de travaux.

215. **Les deux cabanes** sur le bord de l'eau. L. 132. II^d^ état, rare, avant le numéro.

216. **Le paysage au basrelief.** L. 133. II^d^ état, rare, avant le numéro.

217. **Le berger conduisant son troupeau.** L. 134. Ier état à l'eau forte pure, extrêmement rare.

218. **Le chemin à travers le rocher.** L. 140. Ier état, avec la partie blanche en haut à droite et avant les nuages; extrêmement rare.

219. 2 gravures sur une même feuille, savoir: le sapin sur les rochers. L. 142. Ier état à l'eau forte pure, extrêmement rare, et le torrent. L. 143. II^d^ état avant beaucoup de travaux, très rare.

220. **Les chaumières près des ruines.** L. 144. Ier état fort rare, l'arbre audessus de la petite maison sans feuilles.

221. La même estampe. De même.

222. **La rivière entre les rochers.** L. 148. II^d^ état extrêmement rare, avant beaucoup de travaux.

223. **La porte sur le pont en ruine.** L. 149. II^d^ état très rare, avant les racommodemens de la planche et les travaux à la pointe sèche.

224. **Le beffroi.** L. 152. I^r^ état, très rare, avant le numéro.

225. **Les cascatelles de Tivoli.** L. 153. Ier état très rare et non décrit, avant beaucoup de travaux dans les rochers etc.
226. **Le sacrifice à Pan.** L. 155. Ier état très rare.
227. **La fente de rocher.** L. 158. Ier état, extrêmement rare, avant que la branche sur le rocher n'ait été effacée.

GEORGES FRÉDÉRIC SCHMIDT.

228. **Portrait de Nicola Esterhazy** de Galantha, d'après Tocqué. Jacobi 78. Epreuve superbe du premier état. Très rare.
229. **Portrait de Jacques Mounsey.** J. 85. Epreuve superbe d'une conservation parfaite. Extrêmement rare, attendu qu'on n'en ait tiré que très peu d'exemplaires.
230. **La Juive fiancée,** d'après Rembrandt. Jac. 128. Très belle épreuve.
231. **Buste** d'un vieillard, d'apres Flink. J. 131. Epreuve superbe.
232. **G. F. Schmidt** se ipse fecit. J. 134. De même.
233. **Portrait de Dinglinger,** d'après Pesne. J. 148. De même.
234. **Le prince d'Orange Guillaume second,** à qui Cats explique un trait de l'histoire de ces ancêtres, d'après Flink. J. 152. De même.
235. **Jésus resuscitant la fille de Jaïre,** avec une inscription hollandaise, d'après Rembrandt. J. 165. Très belle et rare épreuve sur papier de chine.
236. **Le philosophe,** d'après Rembrandt. J. 166. Epreuve superbe.
237. **Repentance de S. Pierre** après avoir renié son maître, d'après Bol. J. 170. De même.

II. ECOLE ITALIENNE.

NIELLES.

238. **Arion abordant au Pirée.** Duchesn. n. 258. Cette pièce, gravée avec une grande finesse, probablement par Peregrini, est extrêmement rare. Mr. Duchesne ne cite que deux épreuves, l'une à la bibliothèque à Paris, l'autre au cabinet Sykes. Epreuve superbe où la tour de l'église se termine par une espèce de petit belvédère, très bien conservée.

239. **Arabesques** avec une Satyre allaitant deux enfants, avec la marque P et les lettres SCOF. Voir Duchesn. n. 362, qui dit: „ce nielle, d'un très joli travail, est gravé par Peregrini.“ Extrêmement rare.

VIEUX MAITRES ITALIENS ANONYMES.

CARTES DE TAROTS.

I. LES ORIGINAUX DE BARTSCH (XIII p. 120—130).

Première classe, représentant différens états, conditions et dignités des hommes, marquée à gauche de la lettre S.

241. **Chavalier. VI.** 6. Un chevalier tenant un poignard de ses deux mains. B. 23. Epreuve d'un tirage plus moderne, très bien conservée.

242. **Doxe. VII.** 7. Le doge de Venise. B. 24. Epreuve plus moderne, très bien conservée.

243. **Re. VIII.** 8. Un roi assis sur le trône, tenant un sceptre de la main droite. B. 25. Ancienne épreuve, une tache brune à la jambe gauche du roi.

244. **Papa. X.** 10. Le pape assis tenant les clefs de l'église et un grand livre. B. 27. Ancienne épreuve, manquant un peu de conservation.

Deuxième classe, représentant les Muses et Apollon, marquée de la lettre D.

245. **Caliope. XI.** 11. Calliope sonnant d'une espèce de trompe, dans le fond une fontaine. B. 28. Epreuve plus moderne, très bien conservée.

246. **Erato. XIIII.** 14. Erato jouant du tambourin. B. 31. Ancienne épreuve, bien conservée, à droite une tache jaunâtre. Coll. Storck à Milano.

247. **Talia. XVI.** 16. Thalie jouant d'un petit violon. B. 33. Ancienne épreuve, très bien conservée.

248. **Euterpe. XVIII.** 18. Euterpe jouant de deux flageolets; elle est adossée à un arbre et tournée vers la gauche. B. 35. Ancienne épreuve d'une grande finesse de ton et d'une couleur verdâtre, très bien conservée. Coll. Storck à Milano.

249. **Apollo. XX.** 20. Apollon assis sur deux cygnes, ayant les pieds appuyés sur un globe céleste. B. 37. Ancienne épreuve, très bien conservée. Coll. Storck à Milano.

Troisième classe, représentant les arts libéraux et quelques sciences, marquée de la lettre C.

250. **Loica. XXII.** 22. Une femme tenant de la main droite un dragon couvert d'un voile transparent. B. 39. Epreuve plus moderne, très bien conservée.

251. **Astrologia. XXVIIII.** 29. Une femme ailée, tenant une baguette et un livre. B. 46. Ancienne épreuve; au bas à la droite une petite partie de l'inscription est coupée.

252. **Theologia. XXX.** 30. Une femme à tête de Janus, placée sur un globe couvert d'étoiles. B. 47. Ancienne épreuve, manque un petit peu de la bordure à droite.

Quatrième classe, représentant l'astronomie, la chronologie, la cosmologie et les sept vertus cardinales, marquée de la lettre B.

253. **Iliaco XXXI.** 31. Un génie ailé, tenant le soleil de la main gauche. B. 48. Epreuve plus moderne, très bien conservée.

254. **Cosmico. XXXII.** 32. La cosmologie sous la figure d'un génie tenant de la main gauche un globe. B. 50. *) Ancienne épreuve, bien conservée.

255. **Temperancia XXXIIII.** 34. Une femme versant quelque fluide d'un vase dans un autre, accompagnée d'un petit cochon qui se regarde dans un miroir placé à la droite. B. 51. Ancienne épreuve, à gauche quelques trous de vers. Coll. Storck à Milano.

256. **Fede. XXXX.** 40. Une femme tenant une croix et un calice avec le S. Sacrement de l'Eucharistie, accompagnée d'un chien. B. 57. Ancienne, mais très-faible épreuve, très bien conservée.

Cinquième classe, représentant les sept planètes et les images de la huitième sphère, du premier mobile et de la première cause, marquée de la lettre A.

257. **Venus. XXXXIII.** 43. Venus se baignant dans un ruisseau, à gauche trois nymphes, à droite l'amour. B. 60. Epreuve plus moderne, très bien conservée.

II. LES COPIES A DE BARTSCH (XIII p. 131—138) OU LA SERIE QUE CICOGNARA, ZANI, OTTLEY, DUCHESNE, PASSAVANT etc. ONT QUALIFIÉE ORIGINALE. **)

Première classe, marquée de la lettre E.

258. **Fameio. II.** 2. Un valet portant un vase, se dirigeant

---

*) Mr. Duchesne raconte dans son livre, voyage d'un iconophile p. 190, à l'occasion de la description de ces cartes au cabinet de Dresde, où les n. 1 et 50 ne sont que des facsimiles dessinés à la plume, que la même singularité existe dans l'exemplaire de la bibliothèque royale à Paris. C'est pourquoi il conjecture, que les numéros 1 et 50 n'ont jamais été gravés par le copiste qui a fait les originaux de Bartsch. Voilà le n. 50 gravé comme les autres. La même estampe, ainsi que le numéro 1, se trouve aussi au cabinet de Vienne, voir F. de Bartsch la collect. d'estamp. de la biblioth. imper. à Vienne p. 33.

**) On peut ajouter aux différences indiquées par Bartsch, dans le peintre graveur, que dans les originaux, c'est-à-dire dans les copies A de Bartsch, les grandes lettres à gauche sont posées entre deux points qui ne se trouvent pas dans les copies.

vers la gauche. B. 19.. Cette estampe est de celles que Mr. Bartsch n'avait pas vues. Ancienne épreuve très fine de ton et très bien conservée; au verso quelques vers italiens d'une main ancienne. Coll. Bossi.

259. **Artixan. III.** 3. Un orfèvre travaillant dans son atelier, assis sur le devant à droite. B. 20. Ancienne épreuve, une petite partie de l'angle inférieur gauche est coupée, au verso quelques vers italiens d'une main ancienne. Coll. Bossi.

Deuxième classe, marquée de la lettre D.

260. **Terpsicore. XIII.** 13. Terpsichore vue de face, jouant de la guittare; à ses pieds à la gauche en bas un cercle. B. 30. Ancienne épreuve, mais faible, chiffonnée et doublée, quant à la gravure il ne manque rien.

261. **Erato. XIIII.** 14. Erato jouant du tambourin qui touche à la bordure du côté droit. B. 31. Ancienne épreuve, un peu chiffonnée et doublée; il ne manque rien de la gravure.

262. **Polimnia. XV.** 15. Polymnie jouant d'une espèce de lyre; sa tête est tournée vers la gauche de l'estampe. B. 32. Pas vue par Bartsch; ancienne et jolie épreuve, bien conservée. Coll. Bossi.

263. La même estampe. Ancienne épreuve, mais chiffonnée, quant à la gravure il ne manque rien.

264. **Talia. XVI.** 16. Thalie jouant d'un petit violon, ayant le genou droit à terre. B. 33. Pas vue par Bartsch; ancienne épreuve, mais chiffonnée et doublée, de la gravure il ne manque rien.

265. **Melpomene. XVII.** 17. Melpomène jouant d'un cor en se dirigeant vers la gauche. B. 34. Pas vue par Bartsch. Ancienne épreuve, manque une petite partie de l'angle inférieur droit. Coll. Bossi.

266. La même estampe, ancienne épreuve, mais chiffonnée et doublée, la gravure est entière.

267. **Euterpe. XVIII.** 18. Euterpe jouant de deux flageolets,

adossée à un arbre et tournée vers la droite. Ancienne épreuve, très chiffonnée, la gravure complète.

268. **Clio. XVIIII.** 19. Clio debout sur un cygne qui nage dans l'eau; elle relève son habit de la main gauche et fait un geste de l'autre. B. 36. Pas vue par Bartsch. Ancienne et très fine épreuve de cette excellente estampe; mais tout autour corrodée par des vers et l'angle supérieur droit manque.

269. **Apollo. XX.** 20. Apollon assis sur deux cygnes; sa jambe droite est découverte. B. 37. Ancienne épreuve, mais faible et un peu chiffonnée et doublée.

Troisième classe, marquée de la lettre C.

270. **Geometria XXIIII.** 24. Une femme tournée vers la gauche et planant en l'air sur des nues au-dessus d'un paysage, trace des figures de géometrie. B. 41. Pas vue par Bartsch.*) Ancienne épreuve, l'angle supérieur gauche coupé. Coll. Bossi.

271. **Poesia. XXVII.** 27. Une femme assise près d'une fontaine, jouant d'une flûte qu'elle tient de la main droite, et ayant un vase dans la main gauche. B. 44. Ancienne épreuve, mais faible, un peu chiffonnée et à gauche en bas un peu restaurée, doublée.

272. **Philosofia. XXVIII.** 28. Une femme tenant l'égide de la main gauche et de l'autre une lance, tournant la tête à droite. B. 45. Ancienne et fine épreuve, très bien conservée. Coll. Bossi.

273. La même estampe, ancienne épreuve, mais faible et à gauche en bas un peu restaurée, doublée.

274. **Astrologia. XXVIIII.** 29. Une femme ailée, tournée vers la droite, tenant de la main droite une baguette baissée et de l'autre un livre; les ailes montent en haut. B. 46. Ancienne épreuve, mais faible et chiffonnée, manque d'une partie de la bordure à gauche en bas, doublée.

---

*) Dans cette estampe on voit au lieu de la lettre C un chiffre composé de C et E (Æ).

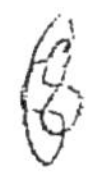

275. **Theologia. XXX.** 30. Une femme à tête de Janus placée sur un globe couvert d'étoiles, son visage de femme est tourné vers la gauche. B. 47. Pas vue par Bartsch. Ancienne et fine épreuve, très bien conservée. Coll. Bossi.

276. La même estampe. Ancienne épreuve, mais faible et chiffonnée, en bas il manque une partie de la gauche.

Quatrième classe, marquée de la lettre B.

277. **Iliaco. XXXI.** 31. Un génie ailé tenant le soleil de la main droite. B. 48. Ancienne et fine épreuve, très bien conservée. Coll. Bossi.

278. **Chronico. XXXII.** 32. La chronologie, sous la figure d'un génie ailé, tenant de la main droite un dragon qui a la pointe de sa queue dans la bouche. B. 49. Ancienne et fine épreuve, très bien conservée. Coll. Bossi.

279. **Temperancia. XXXIIII.** 34. Une femme versant quelque fluide d'un vase dans un autre, accompagnée d'un petit cochon qui se regarde dans un miroir placé à la gauche. B. 51. Ancienne et fine épreuve, à gauche une tache brune.

280. **Fortezza. XXXVI.** 36. Une femme tenant un sceptre de la main droite et de l'autre brisant une colonne; elle a la tête couverte d'une peau de lion, et est accompagnée d'un lion qui est à ses pieds vers la gauche de l'estampe. B. 53. Ancienne et fine épreuve, très bien conservée. Coll. Bossi.

281. La même estampe. Ancienne épreuve, mais faible, doublée et mal conservée: la bordure est defectueuse, la figure intacte.

282. **Justicia. XXXVII.** 37. Une femme vue de face tenant une balance de la main gauche et de l'autre un glaive; une grue est à ses pieds. B. 54. Ancienne, mais faible épreuve, manque d'une partie à la gauche en bas, doublée.

283. **Charita. XXXVIII.** 38. Une femme renversant avec la main droite une bourse d'où tombe de l'argent; au bas de la

gauche de l'estampe un pélican. B. 55. Ancienne, mais faible épreuve, la partie gauche très chiffonnée, doublée.

Cinquième classe, marquée de la lettre A.

284. **Primo mobile. XXXXVIIII.** 49. Un génie ailé s'élevant du globe de la terre et tenant de ses deux mains un cercle; il est tourné vers la gauche. B. 66. Ancienne et fine épreuve, très bien conservée. Coll. Bossi.

285. **Pièce emblématique** sur l'état des gouvernemens de l'Europe. Une copie exacte de cette excellente et très remarquable estampe, attribuée par quelques-uns à Baccio Baldini, se trouve chez Ottley (a collection of Facsimiles of scarce and curious prints by the early Masters, edition de 1826, planche 24). Voir aussi Cicognara, Memorie spettanti alla storia della Calcografia, page 239. Le morceau analogue, décrit par Bartsch XIII p. 110 n. 8, est une copie avec quelques changemens, par exemple: les trois rames du vaisseau, l'ancre et l'arbre sec à gauche ne portent aucune inscription; on lit en haut à la gauche au-dessous du comète: surculus ē illa stella de qua Sibilla profetavit etc., l'inscription de la marge en bas est en italien: Profecia dela Sibilla Tiburtina trovata ĩ una grāda pietra ĩ la cita d'Altini etc. Notre estampe est beaucoup plus ancienne, d'un très-joli dessin et d'une gravure très fine, en manière du maître des cartes de tarots. L'épreuve est très fine. De la plus insigne rareté.

MAITRE ANONYME DE L'ÉCOLE FLORENTINE.

286. **La présentation de l'enfant Jésus.** Superbe pièce inconnue à Bartsch, mais décrite par Zani Enc. P. V p. 333. Voir catalog. Ackermann 1853 n. 442. F. de Bartsch collect. d'estamp. de la bibl. imp. à Vienne p. 38. On ne connait que très peu d'exemplaires. Mr. Passavant la croit de Laurent Costa de Ferrare, voir Kunstblatt 1850 page 357.

JULES CAMPAGNOLA.

287. **Ganimède** enlevé par l'aigle de Jupiter. B. 5. Superbe épreuve de cette charmante estampe, avec Julius Campagnola Antenoreus, provenant de la collection du Cardinal Fesch. Extrêmement rare.

DOMINIQUE CAMPAGNOLA.

288. **Combat d'hommes** nus à cheval et à pied dans un bois. B. 10. Très belle épreuve d'une pièce extrêmement rare.

NICOLETO DE MODÈNE.

289. **Panneau d'ornemens.** B. 56. Très belle épreuve du premier état avant l'adresse de Salamanca. Très rare.

BENOIT MONTAGNA.

290. **Le Satyre et la femme** battant un jeune Satyre. B. 17. Très belle épreuve d'une pièce très rare.

JEROME MOCETTO.

291. **La nymphe dormante.** Pièce très curieuse, décrite par Bartsch, XIII p. 114 n. 11, parmi les estampes des vieux maîtres inconnus, attribuée par Ottley (an Inquiry etc. II p. 516) à Mocetto, opinion à laquelle Mr. Bartsch s'est joint depuis entièrement, voir additions au Peintre-Graveur T. XXI. p. XLVI. Epreuve du premier état avant l'adresse de Salamanca; les coins inférieurs un peu restaurés. Extrêmement rare.

ROBETTA.

292. **Adam et Eve** et leurs deux enfants. B. 4. Très belle épreuve, les coins inférieurs un peu restaurés. Extrêmement rare.

ANTOINE POLLAJUOLO.

293. **Les gladiateurs.** B. 2. Ottley I p. 445. Pièce capitale, très belle épreuve d'une rare conservation, seulement quelques petites déchirures près de la marge. De la plus grande rareté.

JACQUES DE BARBARI OU LE MAITRE AU CADUCÉE.

(Bartsch VII p. 517).

294. **Sacrifice de Priape.** B. 19. Epreuve superbe d'un des chef d'oeuvres du maître, d'une conservation parfaite. Extrêmement rare.

ANDRÉ MANTEGNA.

295. **Hercule et Anthée.** B. 16. Très belle et ancienne épreuve, mais rognée (haut. 322 millim., larg. 206) et doublée d'un papier très mince à cause des petits plis.

296. **Les soldats portant des trophées.** B. 13. Très belle épreuve, très bien conservée (haut. 283 mill., larg. 254).

297. **Les soldats portant des trophées.** B. 14. Très belle et rare épreuve avec la colonne à droite et avec de la marge. Coll. Fries (F. Rechberger 1800); deux très petits trous dans le fond.

JEAN ANTOINE DE BRESSE.

298. **Les soldats portant des trophées** (copie du n. 14 de l'oeuvre de Mantegna). B. 9. Superbe et ancienne épreuve, sans la colonne, la marge d'en haut de 15 millimètres.

ZOAN ANDREA.

299. **La danse de quatre femmes.** B. 18. Bonne épreuve, provenant de la coll. W. Esdaile.

300. 2 F. **Panneaux arabesques** entremêlés de figures, d'après F. Francia. B. 21. 22. 23. 24. 26. 29, six estampes sur deux feuilles, d'une édition plus moderne. Rares.

301. 2 F. de la même suite. B. 23. 25. Très belles et anciennes épreuves, avec marge; le papier brun. Très rares.

MARC-ANTOINE ET SES CONTEMPORAINS.

(Bartsch XIV).

302. **Joseph et la femme de Putiphar,** d'après un dessin de Raphaël par Marc-Antoine. B. 9. Superbe épreuve, rognée en bas, provenant des collections Robert-Dumesnil et Debois.

303. **Le massacre des innocens**, sans le chicot, d'après Raphaël par Marc-Antoine. B. 20. Pièce capitale, épreuve superbe et bien conservée, malheureusement 2 lignes manquent en hauteur.

304. La même estampe. Epreuve superbe, mais brune de ton et collée, 2 lignes manquent en hauteur.

305. **Les Maries pleurant le corps mort de Jésus Christ**, d'après Raphaël par Augustin Venetien. B. 38. Très belle épreuve et très bien conservée.

306. **St. Paul prêchant à Athènes**, d'après Raphaël par Marc-Antoine. B. 44. Pièce capitale, épreuve superbe et d'une rare conservation, seulement le coin de la droite inférieure et celui de la gauche supérieure un peu restaurés. Extrêmement rare.

307. **Le martyre de S. Felicité**, d'après Raphaël par Marc-Antoine. B. 117. Pièce capitale, épreuve magnifique de la plus grande beauté, le papier rouge; elle est collée à cause de très petites restaurations dans le fond. Extrêmement rare.

308. **Lucrèce**, d'après un dessin de Raphaël par Marc-Antoine. B. 192. Très belle épreuve, en bas à la marge un peu restaurée, et manquent de 2 à 4 lignes en hauteur. Bartsch: „on admire avec raison cette estampe-ci comme un chef d'oeuvre; elle est extrêmement rare."

309. **Cléopatre**, d'après un dessin de Raphaël par Augustin Venetien. B. 198. Epreuve d'une rare beauté et d'une conservation parfaite. Très rare.

310. **Le sacrifice fait à Bacchus**, d'après l'antique par Marc de Ravenne. B. 220. Très belle épreuve d'une jolie pièce.

311. **Deux Faunes portant un enfant**, d'après un bas-relief antique par Marc-Antoine. B. 230. Epreuve de toute beauté et parfaite de conservation, en haut manque 1 ligne. Bartsch: „il ne se peut rien désirer de plus parfait tant pour le dessin que pour la gravure que cette superbe estampe." Notre exemplaire provient de la collection Peter Lely. Extrêmement rare.

312. **Le Parnasse,** d'après Raphaël par Marc-Antoine. B. 247. Pièce capitale, épreuve superbe d'une rare conservation. Extrêmement rare.

313. **Le Satyre et l'enfant.** B. 281. Epreuve de toute beauté, les bords de la planche encore sales, d'une rare conservation, avec marge. Bartsch: „ce superbe morceau, qui est très rare, est gravé d'après Raphaël par Marc-Antoine.“

314. La même estampe. Très belle épreuve, parfaite de conservation.

315. **Femme de Satyre** auprès de la statue de Priape, gravé à l'eau-forte par un anonyme. B. 284. Très belle épreuve de cette jolie pièce.

316. **Le jeune et le vieux Bacchant,** d'après l'antique par Marc-Antoine. B. 294. Belle épreuve, à droite un peu déchirée.

317. **Faune accompagné d'un enfant,** d'après un dessin de Raphaël par Marc-Antoine. B. 296. Très belle épreuve de cette belle et rare pièce.

318. **La statue d'Apollon du Belvedère,** par Augustin Venetien. B. 328. Epreuve superbe, mais rognée (haut. 250 mill., larg. 139).

319. **Pallas debout** sur un globe, par Marc-Antoine. B. 337. Epreuve superbe, signée: P. Mariette 1669, mais rognée (haut. 238 mill., larg. 140).

320. **La femme au croissant,** d'après un dessin de Francia par Marc-Antoine. B. 354. Epreuve superbe de cette belle pièce, les coins supérieurs raccommodés; provenant de la collection du Cardinal Fesch. Très rare.

321. **Amadée avec l'austérité,** l'amitié et l'amour, d'après Francia par Marc-Antoine. B. 355. Epreuve magnifique d'une rare beauté; provenant de la collection du Cardinal Fesch. Extrêmement rare.

322. **Le serpent parlant à un jeune homme,** d'après Francia par Marc-Antoine. B. 396. Très belle épreuve d'une pièce extrêmement rare, très bien conservée à l'exception

d'une très petite déchirure au milieu de l'estampe bien restaurée.

323. **Chasse aux lions,** d'après un monument de sépulture antique par Marc-Antoine. B. 422. Très belle épreuve et très bien conservée.

324. **Le berger et la nymphe couchée,** d'après un dessin de Raphaël par Marc-Antoine. B. 429. Superbe épreuve de cette très jolie pièce, d'une conservation parfaite. Extrêmement rare.

325. **L'homme à genoux à la lisière d'un bois,** d'après Francia par Marc-Antoine. B. 434. Epreuve superbe, provenant de la collection du Cardinal Fesch. Extrêmement rare.

326. **Le vieillard et le jeune homme gras,** d'après Francia par Marc-Antoine. B. 436. Epreuve superbe, parfaite de conservation, provenant de la collection Sykes. Extrêmement rare.

327. La même estampe. Epreuve magnifique, mais en haut de l'estampe manquent 3 millimètres. Coll. Fesch.

328. **Le paysan et la femme aux oeufs.** B. 453. Epreuve admirable en beauté et en conservation de cette charmante pièce qui est probablement gravée par Marc-Antoine lui-même. Extrêmement rare.

329. **Le joueur de guittare** dans un paysage (portrait d'Alessandre Achillini, dit Giouanfiloteo), d'après Francia par Marc-Antoine. B. 469. Epreuve superbe, provenant de la collection du Cardinal Fesch; le coin inférieur gauche est restauré. Bartsch: „cette pièce est une des meilleurs que Marc-Antoine ait gravées dans ses premières manières.“ - De la plus grande rareté.

330. **Panneau d'ornemens:** deux enfans nus soutenant un cartouche, au milieu duquel est un mascaron, au bas un sphinx et un chien, d'après Jean d'Udine par Augustin Venetien. B. 581. Superbe épreuve du premier état, avant l'adresse de Salamanca.

331. **Panneau d'ornemens:** la statue d'Isis entre deux autels. B. 582. Superbe épreuve du premier état; au verso une contre-épreuve.

---

332. **Apollon debout** tenant la lyre des deux mains auprès d'un tronc d'arbre. Belle pièce qui parait être de Marc-Antoine, non décrite par Bartsch, mais mentionnée par Heinecke dictionn. des artist. catal. de l'oeuvre de Marc-Antoin. p. 353. n. 16. Très belle épreuve, très bien conservée. Rare.

333. **Le Silène ivre,** assis sur une grande cuve de raisins, soutenu par deux Satyres, dont l'un lui présente à boire dans une grande jatte; d'après L. Penni, par un graveur anonyme (décrite par Robert-Dumesnil dans l'oeuvre de René Boyvin n. 28). Très belle épreuve, la marge inférieure coupée.

MAITRE AU MONOGRAMME J. F.

(Jacques Francia. Bartsch XV p. 455.)

334. **Bacchus accompagné de gens de sa suite.** B. 7. Très belle épreuve, très bien conservée. Extrêmement rare.

DOMINIQUE BECCAFUMI (Bartsch XV p. 461).

335. **Le petit Jésus au temple,** disputant avec les docteurs de la loi. B. 2. Epreuve superbe de cette belle estampe, parfaite de conservation, à gauche deux plis d'impression.

336. 2 F. **Le Parnasse profané.** B. 4. Epreuve extrêmement rare du premier état, où les parties génitales sont distinctement exprimées, manquant de conservation, et une épreuve du second état, également superbe de ton mais collée.

LE MAITRE AU DE.

337. **Apollon et Marsyas**, d'après Raphaël. B. 31. Epreuve superbe du premier état, avant l'adresse de Thomassin, avec de la marge.

GEORGE GHISI.

338. **La Calomnie accusant l'Innocence**, d'après Penni. B. 64. Epreuve magnifique.

HORACE FARINATI.

339. **La sainte vierge**, d'après Paul Farinati. B. 3. Epreuve superbe du premier état, collée sans être endommagée.

JOSEPH RIBERA.

340. **Le poëte en méditation.** B. 10. Epreuve magnifique de cette belle pièce.

G. LEONE. (GABRIEL DE LEEUW.)

341. 6 F. **Divers repos d'animaux.** Suite complète. Estampes rares et superbes d'épreuve et de condition, avec beaucoup de marge. Voir Catal. Rigal p. 198 n. 449.

A. CANALE F.

342. **Paysage d'Italie**, au milieu en avant une femme avec un bâton et une corbeille. Belle épreuve, rare.

III. ECOLE FRANÇAISE.

LE MAITRE AU MONOGRAMME J. G.
(Bartsch IX p. 143. Robert-Dumesnil VII p. 18).

343. **La vierge assise** sur un autel et les trois hommes à genoux, qui adorent l'enfant Jésus. Planche ronde. B. 5. R-D. 6. Très belle épreuve avec de la marge.

344. **L'enfant nu** assis au milieu de ruines. Planche ronde. B. 11. R-D. 15. Belle épreuve.

JEAN DUVET OU LE MAITRE A LA LICORNE

(B. VII p. 496. R-D. V p. 1).

345. **Jean Duvet** assis à une table occupé de l'étude du sens de l'apocalypse. B. 12. R-D. 27. Epreuve superbe et parfaite de conservation. Extrêmement rare.

346. **Un roi à cheval** se sauvant avec sa suite pour échapper une licorne qui a déjà tué plusieurs chasseurs. B. 40. R-D. 55. Epreuve superbe, un peu rognée. Extrêmement rare.

347. **Une licorne** conduite en triomphe par un roi et une reine, accompagnés de plusieurs femmes qui portent des palmes et qui jouent de divers instrumens. B. 41. *R-D.* 58. *Très belle épreuve, parfaite de conservation.* Extrêmement rare.

348. **Des animaux de toute espèce** rassemblés sur les bords d'une fontaine, dans laquelle une licorne trempe sa corne. B. 42. *R-D.* 59. Epreuve superbe, provenant de la collection Debois. Extrêmement rare.

349. **Poison et contre-poison.** B. 43. R-D. 61. Superbe épreuve d'une pièce qui se distingue tellement parmi les autres gravures du maître, et pour le dessin et pour le travail, que de grands connaisseurs l'ont crue gravée par un grand maître italien d'après un dessin de Lionardo da Vinci, ou par Lionardo lui-même. Voir Bryan (dictionary of Painters and Engravers edit. Stanley art. Lionardo): „the ingenious composition, the spirited delineation of the animals, the minute attention to the *landscape, particularly the back-ground, and, above all,* the drawing of the figure seated on an eminence to the left; every part executed with a delicate point, and showing mastery of hand, and a combination that could emanate only from the most exalted genius, induced Mr. Carpenter to believe it to be the production of Lionardo da Vinci, an opinion in which the editor fully concurs." Mr. Passavant croit que cette superbe estampe a été gravée par Cesare da Sesto d'après un dessin de

de Lionardo, voir Kunstbl. 1850 p. 364. — Extrêmement rare.

MARIE DE MEDICIS.

350. **Buste de jeune personne** (portrait de Marie de Medicis), tournée de profil à droite. Ses cheveux nattés sont recouverts par une espèce de coiffure à la Romaine. On lit audessous: Maria Medici F. MDLXXXVII.*) Gravure en bois dont la reine même a gravé la taille. Voir Papillon, traité de la gravure en bois I p. 260. et Robert-Dumesnil, p. gr. franç. V p. 66, qui dit: „la preuve, que cette pièce est due à la reine, resulte d'une note conservée, avec une épreuve, dans le recueil des amateurs du cabinet des estampes de la bibliothèque royale à Paris, et qui est ainsi conçue: la planche de cette estampe a été gravée par la Reyne Marie de Médicis qui la donna à Mr. Champagne dans le temps qu'il la peignait, le quel Champagne a écrit derrière la planche ce qui suit: Ce vendrédy 22 de feburier 1629 la reyne mère Marie de Medicis m'a trouvé digne de ce rare présent fait de sa propre main. Champagne.“ Une copie de cette pièce très curieuse se trouve dans l'ouvrage de R. Weigel, gravures en bois des peintres célèbres cah. V n. 22. — Très belle épreuve, parfaite de conservation, in-fol. De la plus grande rareté.

SIMON VOUET.

351. **Sainte famille.** R-D. V p. 72. Epreuve superbe de cette jolie pièce qui est la seule du maître.

JACQUES CALLOT.

352. 6 F. **Les pénitens et les pénitentes.** Suite de six estampes, le titre compris. Très belles épreuves avec l'adresse d'Israël.

*) Non 1582, comme l'a dit Robert-Dumesnil dans son peintre graveur français, et d'après lui l'auteur du catalogue de la collection van Hulthem, Heller etc.

352 bis **Lux claustri.** La lumière du cloistre, représentée par figures emblematiques dessignées et gravées par Jacques Callot, à Paris chez François Langlois dict Chartres — 1646. avec privilège du roi. Les vingt-sept morceaux de ce livre rare sont superbes d'épreuve et à grandes marges. Voir catalogue Silvestre p. 193. Relié.

CLAUDE LE LORRAIN.

353. **La fuite en Egypte.** R-D. 1. Epreuve superbe du IIᵈ état, avec les intervalles blancs dans le trait carré. Coll. J. Barnard.

354. **Le passage du gué.** R-D. 3. Très belle épreuve du Iᵉʳ état, avec les angles aigus et l'inscription non ébarbée.

355. **Le bouvier.** R-D. 8. Epreuve d'une rare beauté du IIᵈ état, avec de la marge. Très rare.

356. **Le dessinateur.** R-D. 9. Superbe épreuve du IIᵈ état.

357. **La danse sous les arbres.** R-D. 10. Superbe épreuve du IIᵈ état, avec les angles aigus, avec le ciel clair et les montagnes, provenant des collections Revil et Verstolk. Très rare.

358. La même estampe. Belle épreuve du même état, sans marge.

359. **Le port de mer au fanal.** R-D. 11. Epreuve superbe du IIᵈ état, avec le numéro, avant les angles arrondis.

360. La même estampe. Superbe épreuve du même état.

361. **Port de mer à la grosse tour.** R-D. 13. Superbe épreuve du IIᵈ état, avec les angles aigus, provenant de la collection Howkins.

362. La même estampe. Très belle épreuve du IIIᵉᵐᵉ état, à grande marge.

363. **Le pont de bois.** R-D. 14. Epreuve superbe du IIᵈ état.

364. **Le soleil couchant.** R-D. 15. Pièce capitale, très belle épreuve du IIIᵉᵐᵉ état, avec les angles du trait carré mal articulés et avant le millésime, avec une marge de 6 millimètres. Très rare.

365. **Le départ pour les champs.** R-D. 16. Très belle épreuve

du II^{d} état, avec les angles aigus. Coll. J. Barnard et Howkins. Rare.

366. **Mercure et Argus.** R-D. 17. Superbe épreuve du Ier état, avant la coulure d'eau-forte au-dessus de la crosse du bâton d'Argus.

367. La même estampe. Très belle épreuve du même état.

368. **Berger et bergère conversant.** R-D. 21. Epreuve superbe du Ier état, avant la lettre et avant que le groupe d'arbres du milieu ait été abaissé; provenant de la collection Brooke. Extrêmement rare.

369. La même estampe. Epreuve superbe du II^{d} état, avant la lettre, avec la ville fortifiée et le pied d'arbre tronqué, avec marge; provenant de la collection Howkins. Très rare.

370. **L'enlèvement de l'Europe.** R-D. 24. Belle épreuve du II^{d} état, avec les angles arrondis, avant que le trait carré ait été parfaitement exprimé.

MAITRE ANONYME INCONNU.

370 ^{bis} 12 F. **Suite de douze estampes** représentant des sujets de l'histoire grecque ancienne, par ex. de la guerre de Troie. Gravures à l'eau-forte dans la manière de F. Chauveau. La hauteur de chaque feuille 282 millim., la largeur est différente, deux feuilles ont 110 millim., les autres 160, 178 et 210. Epreuves à l'eau-forte pure sans nom, sans lettre et sans numéros.

JEAN JACQUES DE BOISSIEU.

371. **Les joueurs de boules,** au fond l'ancienne porte de Vaize à Lyon. Rigal 10. Epreuve superbe.

372. **Le maître d'école** reprimandant un enfant debout devant lui. Rig. 14. Epreuve superbe.

373. **Vieillard assis** faisant lire un enfant. Rig. 18. Belle épreuve à la manière noire.

374. **Deux enfans jouant avec un chien,** à droite une femme aveugle qui se fait conduire par un garçon. Rig. 19. Très belle et ancienne épreuve chargée de la manière noire.

375. **Vieillard** (le frère du maître) dans un jardin, donnant une leçon de botanique à quatre enfans. Rig. 20. Belle épreuve d'une pièce rare.

376. La même estampe, papier de Chine.

377. **Les petits tonneliers.** Rig. 23. Très belle épreuve avec l'astérisque, sur du papier jaunâtre.

378. La même estampe, de même, sur du papier blanc.

379. **Vue des bords de la rivière d'Ain.** Rig. 42. Très belle et ancienne épreuve, un peu tachetée.

380. **Groupe de sept villageois** assis à gauche près de quelques arbres. Rig. 59. Très belle et ancienne épreuve.

IV. ECOLE NEERLANDAISE.

JEAN VAN AKEN.

381. 6 F. **Différens chevaux.** B. 1—6. Très belles épreuves avec l'adresse de Clement de Jonghe.

382. **Le petit bâteau.** B. 8. Très belle épreuve.

383. **La chasse au cerf.** B. 11. De même.

384. **La colline creusée.** B. 13. De même.

385. **L'homme qui se repose** près du chemin. B. 14. De même.

386. **Le pays montueux.** B. 15. De même.

387. **L'homme à cheval.** B. 16. De même.

388. 4 F. **Vues du Rhin** d'après H. Saftleven. B. 18—21. Très belles et rares épreuves avec l'adresse de Clement de Jonghe.

389. **L'homme portant le paquet sur le dos.** B. 19. Très belle épreuve, avec marge.

390. **La pêche aux écrevisses.** B. 20. Très belle épreuve.

LOUIS BAKHUIZEN.

391. 10 F. **Différentes marines** et vues de l'Y près d'Amsterdam. Suite de dix estampes. B. 1—10. Anciennes et

superbes épreuves de la plus parfaite conservation (papier aux armoiries hollandaises).

392. **Titre de la suite précédente,** avec la petite planche séparée où est l'inscription: Zoo bouwt men hier etc. B. 1. Très belle épreuve.

393. **Barque en carène.** B. 7. De même.

394. **Port de mer** où un homme pousse une brouette. B. 9. De même.

395. **Paysage avec des figures,** dans la marge d'en bas: L. B. f. B. 12. Voir Weigel, supplém. p. 198. Belle épreuve, avec marges.

CORNEILLE BEGA.

396. **La vieille** regardant en haut. B. 3. II[d] état.

397. **L'homme avec la main dans le pourpoint.** B. 10. La planche non ébarbée.

398. **La fumeuse.** B. 11. II[d] état.

399. **La vieille tenant un grand pot.** B. 12. Belle épreuve.

400. **Le buveur.** B. 16. Ier état, la planche non ébarbée.

401. **Le paysan au chapeau bas.** B. 17. Ier état.

402. **La femme portant un panier.** B. 18. Très belle épreuve du Ier état.

403. **Le paysan à la fenêtre.** B. 19. II[d] état.

404. **Le paysan au dossier.** B. 22.

405. **Les deux amoureux.** B. 25. Très belle épreuve. Coll. Robert-Dumesnil.

406. **Le chanteur.** B. 27. Belle épreuve avec barbes.

407. **La mère.** B. 28. Belle épreuve.

408. **Les trois buveurs.** B. 29. II[d] état, tachetée.

409. **La mère et son mari.** B. 30. II[d] état.

410. **La mère au cabaret.** B. 31. Ier état, la place entre le corset de la femme et les contours de la tête de l'enfant est blanche.

411. **La vieille aubergiste.** B. 32. Superbe épreuve du Ier état avant l'adresse, à grande marge.

412. **La jeune aubergiste.** B. 33. Très belle épreuve avant l'adresse.

413. **La jeune cabaretière caressée.** B. 34. Très belle épreuve.

414. **Le cabaret.** B. 35. Très belle épreuve du Ier état, avant l'adresse, rognée.

415. La même estampe, avec l'adresse, à grande marge.

D. VAN BERGEN.

416. **Paysage avec des animaux différens**, au milieu un berger assis, à droite un chien courrant. Dans la marge à gauche: D. van den Bergen, à droite P. S. S. Haut. 125 mill., Larg. 160. Très belle épreuve d'une jolie eau-forte.

NICOLAS BERGHEM.

417. **La vache qui s'abreuve.** B. 1. Belle et rare épreuve du IId état avec l'adresse de N. Visscher et réellement avant l'adresse de P. Schenk.*)

418. **La vache qui pisse.** B. 2. Très belle et rare épreuve du IId *état*, avant les adresses de de Wit et de Valck.

419. La même estampe. De même, avec beaucoup de marge.

420. **Les trois vaches en repos.** B. 3. Superbe épreuve du IIIième état avant le nom de Berghem, un peu brune de ton.

421. **L'homme monté sur l'âne.** B. 5. Superbe épreuve du IId état avant le ciel et beaucoup d'autres travaux. Extrêmement rare.

422. **Le pâtre jouant du flageolet.** B. 6. Superbe épreuve, extrêmement rare, du Ier état avant le numéro; provenant de la collection Verstolk.

423. La même estampe. Ancienne et très belle épreuve avant la retouche, mais la marge est coupée.

424. **Le troupeau en repos.** B. 10. Très belle épreuve avec le numéro, le papier jaunâtre.

425. **Le ruisseau traversé.** B. 12. Très belle et rare épreuve avec l'adresse de P. Goos.

---

*) Ce qu'on peut voir le mieux en examinant les herbes qui se trouvent à droite en bas au-dessous du bac; car où on a enlevé l'adresse de Schenk, qui se trouve exactement au-dessous de ces herbes, on les a attaquées et en partie emportées.

426. 6 F. **Les vaches à laitière.** B. 23—28. Epreuves superbes, B. 24 avant le numéro.

427. Titre de la suite précédente. B. 23. Très belle épreuve avec le numéro.

428. **Une vache et un mouton.** B. 25. De même.

429. **Une vache et deux moutons.** B. 26. De même.

430. 4 F. **du cahier à la femme** en six estampes. B. 29. 30. 32. 33. Très belles épreuves avec l'adresse de Clement de Jonghe. Coll. Robert-Dumesnil.

431. **Titre de la suite précédente.** B. 29. avec l'adresse de Clement de Jonghe.

432. 2 F. **Les deux beliers, et les deux moutons.** B. 32. 33. Superbes épreuves avant les numéros.

433. **Le berger et son chien.** B. 35. Premier état avant la lettre et avant le numéro, très rare.

434. **Deux chèvres.** B. 37. Epreuve superbe avant le numéro.

435. **Un jeune bouc et une chèvre.** B. 38. De même, avant le numéro.

436. **Une chèvre vue de profil** et une autre vue presque par derrière. B. 39. De même, avant le numéro.

437. **Une chèvre debout** et deux chevreaux reposant. B. 40. De même, avant le numéro.

438. La même estampe. Epreuve presque unique à l'eau-forte pure, une première ébauche.

439. **La bergère assise.** B. 41. Très belle épreuve avec l'adresse de Clement de Jonghe.

440. **Une brébis couchée** accompagnée de deux agneaux. B. 42. Très belle et rare épreuve avant le numéro.

441. **Une brébis debout,** sous elle un agneau, un autre couché derrière elle. B. 44. De même, avant le numéro.

442. **Une brébis qui pisse** et un mouton. B. 46. De même, avant le numéro.

443. 5 F. **du cahier à l'homme** en huit estampes. B. 52. 53. 54. 55. 56. Très belles et anciennes épreuves avec les numéros.

G. BLEKER.

444. **L'ange promettant un fils à Abraham.** B. 1. Superbe épreuve, provenant de la collection Verstolk.

445. **Jacob s'entretenant avec Rachel.** B. 3. Très belle épreuve, parfaite de conservation. Coll. Robert-Dumesnil.

446. **Paul et Barrabé à Lystre.** B. 5. Superbe épreuve du Ier état, avant l'adresse, parfaite de conservation. Très rare.

447. **Le troupeau qui s'abreuve.** B. 7. Très belle épreuve. Coll. Robert-Dumesnil.

448. **Le troupeau en marche.** B. 8. Très belle épreuve, signée: F. Gawet 1797.

449. **Le chariot à quatre roues.** B. 10. Epreuve superbe. Coll. Verstolk.

450. **Le chariot à deux roues.** B. 11. Epreuve superbe d'une conservation parfaite. Coll. Verstolk.

451. La même estampe. De même.

452. **Le cabriolet.** B. 12. Epreuve superbe. Coll. Verstolk.

A. BLOOTELING.

453. **Jeune garçon** tenant un chat, d'après J. van Loo. Epreuve magnifique, avant le nom du graveur.

CORYN BOEL VOIR TENIERS.

PIERRE BOEL.

454. **Les éperviers.** B. 6. Superbe épreuve, parfaite de conservation. Très rare.

455. **Deux autruches,** deux pals et un casuel dans une campagne. Manque à Bartsch, Weig. 12. Epreuve à l'eau-forte pure et avant la lettre dans la marge, provenant de la collection Robert-Dumesnil. Extrêmement rare.

FERDINAND BOL VOIR REMBRANDT.

SCHELTE A BOLSWERT.

456. **La conversion de S. Paul,** d'après Rubens. S. a Bolswert sc. et exc. Hecq. 114. Très belle épreuve de cette rare estampe, une petite déchirure à gauche restaurée.

457. **Paysage avec le petit pont de bois** sur le devant, d'après Rubens. Bas. 4. Epreuve superbe avec l'adresse de M. van den Enden; avec quelques taches jaunes.

458. **Paysage** où se voit une charette descendant dans un chemin creux. Bas. 5. Epreuve superbe avec l'adresse de M. van den Enden, à grande marge.

459. **Paysage** représentant un orage. Bas. 7. Superbe épreuve avec l'adresse de M. van den Enden.

460. **Paysage** représentant un soleil couchant. B. 12. Epreuve superbe avant toute adresse.

461. **Paysage** représentant une forêt où se fait une chasse. Bas. 17. Epreuve magnifique et très rare avant toute lettre.

462. 8 F. **de paysages.** Bas. 1. 2. 3. 5. 6. 8. 9. 11. superbes d'épreuve, avec l'adresse de Gillis Hendrix.

463. 6 F. **de paysages.** Bas. 14. 15. 16. 18. 19. 20. De même.

464. 3 F. **de paysages.** Bas. 6. 9. 16. Superbes épreuves avec l'adresse de G. Hendrix.

NB. Quant aux portraits gravés par S. a Bolswert d'après van Dyck voir van Dyck.

ANDRÉ BOTH.

465. **Les débanchés.** B. 9. Très belle épreuve. Très rare.

466. **Les ivrognes**, pendant du numéro précédent. B. 10. Un peu rognée. Très rare.

JEAN BOTH.

467. 4 F. **Les paysages en hauteur.** B. 1—4. Epreuves magnifiques avec l'adresse de Matham avant les numéros.

468. **Le pont de pierre.** B. 5. Superbe épreuve avant le nom du maître.

469. La même estampe. Ancienne et très belle épreuve avec le nom.

470. **Les deux vaches au bord de l'eau.** B. 8. Epreuve magnifique avant le nom du maître.

471. La même estampe. Ancienne et très belle épreuve avec le nom.

472. **Les pêcheurs.** B. 9. Ancienne et belle épreuve avec le nom (le nom est gratté sur l'estampe).

D. DE BRAY.

473. **Salomon de Bray,** Schilder en Bou-meester tot Haerlem. Gravure en bois. Ancienne et très belle épreuve de cette pièce extrêmement rare. Voir Weigel Catalog. d'objets d'art n. 19140. Un facsimile se trouve dans l'ouvrage de R. Weigel: gravures en bois de peintres célèbres Cah. III.

JACQUES DE BRAY.

474. **S. Jean dans le désert;** il est assis à gauche sur une roche, à droite on voit la croix et l'agneau. Belle et rare pièce à l'eau-forte, décrite dans le catalog. Winckler n. 604. Aretin n. 2220. Epreuve superbe.

BARTHOLOMÉE BREENBERG.

475. **La maison près d'une tour exagone.** B. 5. Superbe épreuve et très rare.

476. **Les restes du château ruiné** (la ville des empereurs de Rome). B. 18. Très belle épreuve.

477. **Les Satyres** avec la vue de la partie inférieure des thermes de Titus. B. 20. Très belle épreuve. Très rare.

JEAN BRONCHORST.

478. **Le crucifix,** d'après Poelenburg. B. 1. Ancienne et superbe épreuve de cette rare pièce.

479. La même estampe. Belle épreuve.

480. **Portrait de Jean de Laet.** B. 9. avec une planche séparée contenant seize vers latins; en haut une déchirure restaurée.

481. **Buste de vieille,** d'après Poelenburg. B. 10. Epreuve superbe de cette jolie pièce.

482. **Chapitaux, bases,** piédestaux etc. n. 1 de la suite des Ruines de l'ancienne Rome, d'après Poelenburg. B. 12. Epreuve magnifique avant que la planche ait été diminuée.

483. La même estampe. De même, deux petites déchirures restaurées.

484. **Les ruines du palais d'un Empereur,** d'après Poelenburg. B. 17. Epreuve magnifique avant que la planche ait été diminuée.

485. **L'adoration des rois,** d'après (ou par) Poelenburg. Rig. et Weig. 25. Pièce extrêmement rare, épreuve non finie, lavée à l'encre de Chine par la main du maître; rognée en haut et avec quelques taches d'huile.

486. **Ste. vierge à mi-corps** tenant sur le bras droit l'enfant Jésus qui tient deux doigts à la bouche. Planche carrée. Haut. 120 millim., Larg. 97 mill. Sans marque. Pièce non décrite (diverse du n. 26 de Rigal et Weigel), probablement par Bronchorst.

B V S.

486bis **Paysage italienne,** dans le genre de H. van Swanevelt; à la gauche du devant deux pélerins qui prient devant l'image de la sainte vierge, à droite en haut: B V S. f. Jolie pièce décrite par Brulliot (dictionn. des monogr. I p. 140 n. 1117); très belle épreuve, rare.

JEAN BROSTERHUIS.

487. **Paysage,** à gauche des montagnes ornées de broussailles et surmontées de bâtimens, à droite deux grands arbres environnés d'herbes, au milieu du devant un berger, quatre vaches et un chien. Sans marque. Epreuve superbe d'une pièce fort belle et non décrite. Haut. 174 millimètres, Largeur 245 mill. Extrêmement rare.

MARC DE BYE.

488. 8 F. **Diverses vaches et boeufs,** d'après Potter. B. 9 – 16. Superbes épreuves avec l'adresse de N. Visscher (papier à la folie).

489. 2 F. **Une vache debout** et une vache couchée, d'après Potter. B. 20. 22. Très belles épreuves avant les numéros.

490. 2 F. **Une vache debout** et un boeuf debout, d'après Potter. B. 29. 30. Anciennes épreuves avec les numéros (papier à la folie).

491. 4 F. **de la suite des lions**, ours, loups et cochons, d'après Potter, savoir B. 33. 35. 37. 40. Epreuves superbes à grande marge d'un tout premier état non décrit, avant l'adresse de N. Visscher, avec l'année CIƆIƆCLIX effacée depuis au-dessous du mot fecit, avec les numéros en haut à droite dans l'estampe même au lieu d'en bas dans la marge; les angles des planches non arrondis, les bords de la planche pas encore équarris. Extrêmement rare.

492. 8 F. **Les léopards**, d'après Potter. B. 41—48. Suite complète, épreuves superbes à grande marge d'un tout premier état non décrit, avant l'adresse, avec l'année 1658, avec les numéros dans l'intérieure de la planche en haut à gauche, les bords de la planche irreguliers, les angles non arrondis. Extrêmement rare.

493. 4 F. **La suite des chasses**, d'après Potter. B. 57—60. Très belles épreuves avec les numéros, provenant de la collection Verstolk.

494. **Le taureau furieux** poursuivi par trois dogues, premier morceau de la suite précédente. B. 57. Très belle épreuve avec l'adresse de N. Visscher.

495. **Un ours debout** dirigeant ses pas vers la gauche, d'après Geerard. B. 68. Premier état avec le grand numéro à droite en haut. Très rare.

496. **Un boeuf** vu de profil et dirigé à droite. B. 97. Epreuve superbe de cette rare pièce.

497. **Deux chiens** couchés qui dorment. B. 101. Pièce très rare, très belle épreuve, un peu tachetée.

498. **L'épagneul dormant.** B. 102. Pièce très rare, très belle épreuve, la planche irregulière.

499. **S. Eustache.** Anth. Tempesta inventor. Marcus de Bye fecit. Nicolas Visscher excud. B. 107. Très belle épreuve.

CORNEILLE VAN CAUKERKEN.

500. **Le martyre de St. Lievin**, évêque de Gan, d'après Rubens. Bas. 36. Epreuve magnifique du premier état avant l'adresse.

ALAERT CLAAS (CLAEYSSENS).

501. **Adam et Eve.** B. 2. Bonne épreuve.

502. **S. Vierge et S. Anne.** B. 13. Belle épreuve.

503. **La justice.** B. 31. Bonne épreuve.

504. **Geometria.** Une femme assise tenant de la main droite une équerre, le mot geometria se trouve au haut de la gauche, au haut de la droite on lit l'année 1526, le chiffre de l'artiste se trouve du même côté à mi-hauteur. Pièce inconnue à Bartsch, mais décrite dans le catalogue Brisart sous n. 472. Epreuve superbe. Très rare.

505. **Montant d'ornemens**, deux femmes debout séparées par une ligne, l'une à la gauche tient un coeur de la main droite et de l'autre une flèche, l'autre tient avec ses deux bras une colonne, dont on voit la moitié à la droite de l'estampe. Sans marque. Pièce non décrite. Haut. 85 millim., Larg. en haut 50, en bas 41 mill. Très belle épreuve, à droite un peu restaurée.

JACQUES CORNELISSEN D'OSTSAANEN
(Walther van Assen B. VII p. 444).

506. 2 F. **Jésus Christ** à la croix et la résurrection. Pièces rondes. B. 10. 12. Très belles épreuves, mais sans la bordure et endommagées, l'une à droite, l'autre à gauche. Très rares.

GUILLAUME DELFF.

507. **Portrait de Jacques Cats**, d'après Miereveldt. Epreuve superbe.

JACQUES VAN DER DOES.

508. **Le groupe de cinq moutons.** B. 1. Ancienne et très belle épreuve, les bords de la planche sales, avec marges. Extrêmement rare.

JEAN LE DUCQ.

509. 8 F. **Différens chiens.** B. 1—8. Epreuves superbes et égales de cette belle suite, toutes les huit pièces parfaites de conservation. Extrêmement rare.

510. 2 F. **Etudes de figures** 1. mage maure en turban surmonté d'une couronne dirigé vers la gauche, tenant de la main gauche un vase, de l'autre une chaîne, au milieu du devant: J. Duc. Fecit et exudit. 2. mage en turban orné de plumes dirigé vers la droite, tenant un vase, sans marque. Morceaux non mentionnés par Bartsch, mais décrits dans le catalogue Rigal p. 197 n. 447, 3 et 4. Catal. Paignon-Dijonval p. 185 n. 5380, 2. 4. Brulliot, dictionn. de monogr. II n. 1402. — Extrêmement rare.

CHARLES DU JARDIN.

511. **La vache et le veau.** B. 3. Epreuve magnifique du premier état avant le numéro et avant des travaux à la pointe, les traces du grattoir encore très visibles.

512. La même estampe. Très belle épreuve avant le numéro.

513. **Les deux chevaux.** B. 4. Superbe épreuve du premier état avant le numéro, avec marge. Coll. Thomson.

514. **Les chiens.** B. 5. Epreuve superbe du premier état avant le numéro.

515. La même estampe. Très belle épreuve du même état.

516. **Les trois cochons** couchés devant l'étable. B. 8. Epreuve magnifique du premier état avant le numéro et avant des travaux.

517. **Le bourg à la montagne.** B. 9. Epreuve magnifique du premier état avant le numéro, avec marges. Coll. Verstolk.

518. La même estampe, épreuve du même état, avec quelques petites taches.

519. **Les deux hommes** et la pierre dans l'eau. B. 10. Très belle épreuve du premier état, avant le numéro.

520. La même estampe. Très belle épreuve du même état.

521. **L'homme qui se chausse.** B. 11. Très belle épreuve du premier état avant le numéro.

522. **Le temple en ruines.** B. 12. Belle et ancienne épreuve avec le numéro.

523. **Les quatres chèvres.** B. 13. Ancienne et belle épreuve avec le numéro (papier à la grande folie).

524. **Les quatre moutons.** B. 14. Superbe épreuve du premier état avant le numéro, avec marges. Coll. Verstolk.

525. **Les trois cochons** près de la haie. B. 16. Epreuve superbe du premier état avant le numéro, un peu tachetée.

526. La même estampe. Ancienne épreuve avec le numéro.

527. **Le goujat** et les deux ânes. B. 19. Epreuve d'une rare beauté du premier état avant le numéro.

528. **Les deux mouletiers.** B. 20. Superbe épreuve du premier état avant le numéro. Coll. Brooke.

529. **Les deux boeufs.** B. 24. Superbe épreuve du premier état avant le numéro, malheureusement le ciel blanc rogné en haut d'un pouce.

530. **Les deux chevaux** près de la charrue. B. 25. Superbe épreuve du premier état avant le numéro, un peu chiffonnée.

531. **Le boeuf et l'âne.** B. 26. Superbe épreuve du premier état avant le numéro.

532. **Le champ de bataille.** B. 28. Epreuve magnifique du premier état avant le numéro. Coll. Verstolk.

533. **Le mouton** près de la haie de paille. B. 39. Epreuve du premier état avant le numéro.

534. La même estampe. De même, la planche mal nettoyée.

535. **Le chariot devant l'auberge.** B. 50. Premier état avant le numéro.

536. **Portrait de Vos.** B. 52. avec les quatre vers hollandais, superbe épreuve et parfaite de conservation. Très rare.

CORNEILLE DU SART.

a) pièces gravées à l'eau-forte:

537. **Les crieurs.** B. 1. Epreuve superbe de la planche carrée, avec marges.

538 La même estampe. Epreuve de la planche ovale.

539. **Les deux chanteurs.** B. 3. Epreuve superbe de la planche carrée, avec beaucoup de marge.

540. La même estampe. Epreuve de la planche ovale.

541. **Les deux chanteurs.** B. 4. Superbe épreuve de cette pièce très finie et rare.

542. **Le couple ivre.** B. 7. Epreuve superbe, avec quelque marge.

543. **Le cocu.** B. 10. Une contre-épreuve de cette charmante pièce. Très rare.

544. **Le chien dansant.** B. 11. Epreuve superbe d'une belle et rare pièce.

545. **La ventouse.** B. 12. Epreuve superbe avec l'adresse de J. Gole, à gauche le papier un peu mince.

546. La même estampe. Epreuve magnifique, mais la marge d'en bas coupée.

547. **Le chirurgien de village.** B. 13. Très belle épreuve avec l'adresse de J. Gole, avec marge.

b) en manière noire:

548. **Le patriote dans sa joie.** B. 32. Belle épreuve avec la lettre, avec marge.

ANTOINE VAN DYCK.

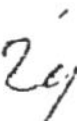

549. **Le Titien et sa maitresse.** Bonne épreuve du IVième état, avec l'adresse de Bonenfant; dans le fond à gauche une tache brune. Weber 63.

PORTRAITS

a) gravés à l'eau-forte par Antoine van Dyck lui-même:

550. **Jean Breughel.** Epreuve superbe et parfaite de conservation du II^{d} état, avant la lettre et avec une partie du fond. W. 1. Extrêmement rare.

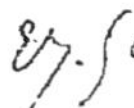

551. La même estampe. Très belle épreuve, parfaite de conservation, du IIIième état, avec la lettre et avec l'adresse de Gillis Hendrix. Très rare.

552. **Pierre Breughel.** Epreuve superbe et très bien conservée du Ier état, avant la lettre et avant les lignes qui encadrent la gravure. W. 3. Extrêmement rare.

553. La même estampe. Epreuve superbe du même état, un peu rognée en haut et en bas (hauteur 236 millimètres) et les bords un peu restaurés.

554. **Antoine Cornelissen.** Très belle épreuve du IIIème état, avec l'adresse de M. van den Enden et le nom du graveur, manquant de conservation. W. 7. Très rare.

555. **Erasme de Rotterdam.** Premier état avant la lettre et le trait d'encadrement, conservation parfaite. Extrêmement rare.

556. **François Franck.** Epreuve superbe du II[d] état, avant la lettre, avec le pilastre dans le fond à droite, très bien conservée. Extrêmement rare.

557. La même estampe. Epreuve superbe du même état, mais dans la marge du bas le papier très mince. Coll. Rigal.

558. **Josse de Momper.** Carpenter n. 7. Epreuve superbe du Ier état, avant la lettre et avant le trait carré qui entoure la gravure. W. 19. Extrêmement rare.

559. La même estampe, même état extrêmement rare, la marge d'en bas un peu rognée (haut. 228 millim.).

560. **Adam van Noort.** Epreuve superbe et parfaite de conservation du II[d] état, avant la lettre, avec le pilastre dans le fond à gauche gravé au burin. W. 25. Extrêmement rare.

561. **Philippe Baron le Roi.** Superbe épreuve du II[d] état, avant la lettre et sans la coulure d'eau-forte au-dessus de l'épaule gauche, W. 17; une petite partie du fond blanc manque en haut. Extrêmement rare.

562. **Jean Snellinx.** Carpenter n. 13. Epreuve superbe du Ier état, avant toute lettre et avant le trait carré qui entoure la gravure, très bien conservée, mais la marge blanche d'en bas ne porte que huit millimètres (haut. 224 millim.). W. 51. Extrêmement rare.

563. **Guillaume de Vos.** Carpenter n. 20. Très belle épreuve du II[d] état, avant la lettre, avec le fond; les coins très peu restaurés. W. 51. Très rare.

564. **Jean de Wael.** Très belle épreuve du Ier état, avant toute lettre, le bras et la main gauche ne sont pas indiqués. W. 57. Extrêmement rare.

b) gravés d'après van Dyck :

PAR UN GRAVEUR ANONYME :

565. **Antoine van Opstal.** Superbe épreuve du Ier état, avant la retouche au burin et avant l'adresse. W. 357. Très rare.

PAR PIERRE BALLIU :

566. **Antoine de Bourbon.** Epreuve superbe du Ier état, avec l'adresse de Meyssens. W. 337.

PAR SCHELTE A BOLSWERT :

567. **Albert comte d'Aremberg.** Epreuve superbe du II^d^ état, avec l'adresse de M. van den Enden et avec „Barbanson" au lieu de „Barbansom" etc. Très rare.

568. **Jean Baptiste Barbé.** Epreuve superbe et parfaite de conservation du Ier état, avant le nom du graveur. W. 68. Très rare.

569. La même estampe. Très belle épreuve du II^d^ état, variation A, avec l'adresse de M. van den Enden, avec le nom du graveur et avant l'accent sur la lettre E du nom Barbe. W. 69. Très rare.

570. **Adrien Brower.** Epreuve magnifique du Ier état, avec „Abraham" et avant le nom du graveur. W. 72. Extrêmement rare.

571. **Juste Lipse.** Epreuve magnifique et extrêmement rare du Ier état, avant le nom du graveur, sans marge et les coins gauches un peu restaurés.

572. **Martin Pepyn.** Très belle épreuve du II^d^ état, avec l'adresse de M. v. d. Enden et avec le nom du graveur. Très rare.

573. **Lady Mary Ruten.** Superbe et rare épreuve du Ier état, avec deux lignes de titre et avant l'adresse de Gillis Hendrix.

574. **Sebastien Vranx.** Epreuve magnifique et très rare du Ier état, avant le nom du graveur, avec une marge de 18 millim. W. 82.

575. La même estampe. Epreuve superbe du même état; l'angle inférieur droit restauré. Coll. Robert-Dumesnil.

576. La même estampe. Très belle épreuve du IId état, avec l'adresse de M. van den Enden et avec le nom du graveur. Très rare.

PAR CORNEILLE GALLE LE VIEUX:

577. **Artus Wolfart.** Epreuve superbe et très rare du Ier état, avant le nom du graveur, W. 91; collée sans être endommagée.

578. La même estampe. Très belle épreuve du Vième état, l'adresse effacée, W. 93; en bas une petite tache.

PAR CORNEILLE GALLE LE JEUNE:

579. **Henriette de Lorraine,** princesse de Phalsbourg. Très belle épreuve, parfaite de conservation, du Ier état, avec l'adresse de Meyssens. W. 342. Coll. Verstolk.

580. **Portrait de Marselaer** entouré d'une bordure ovale avec l'inscription: Talis eram cum lustra decem etc., en bas six vers latins. Epreuve superbe.

581. **Godefroy Henri comte de Pappenheim.** Epreuve superbe et extrêmement rare avant toute lettre, sans marges et à gauche un peu rognée.

PAR GUILLAUME HONDIUS:

582. **François Franck le jeune.** Epreuve superbe et très rare du Ier état, avant le nom du graveur. W. 95.

583. **Guillaume Hondius.** Très belle épreuve du IId état, avec une ligne de titre en lettres diminuées, légèrement tachetée. W. 98. Coll. Franck.

PAR ARNOULD DE JODE:

584. **Lady Catherine Howard.** Belle épreuve, parfaite de conservation. W. 101.

PAR PIERRE DE JODE LE VIEUX:

585. **Jean comte de T'Serclaes de Tilly.** Epreuve superbe et parfaite de conservation du Ier état, avec l'adresse de M. van den Enden et avant l'apostrophe dans le mot T'Serclaes, avant les points à la fin du mot Baro etc. W. 102. Extrêmement rare.

586. La même estampe. Très belle épreuve du IIIième état, avec l'adresse de Gillis Hendrix. W. 103. Très rare.

PAR PIERRE DE JODE LE JEUNE:

587. **Adam de Coster.** Epreuve magnifique du II^{d} état, avec l'adresse de M. van den Enden, avant le nom du graveur et avec la main droite. Très rare.

588. **Paul Halmalius.** Epreuve superbe et parfaite de conservation du Ier état, avant le nom du graveur. W. 110. Très rare.

589. **Jacques Jordaens.** Très belle épreuve du II^{d} état, avec l'adresse de M. van den Enden et avec le nom du graveur; doublée.

590. **Corneille Poelenburg.** Epreuve du Ier état, avant le nom du graveur, sans marge. W. 120. Très rare.

591. **Diodore Tuldenus.** Très belle épreuve du IIIième état, avec l'adresse de Gillis Hendrix. W. 127.

592. **Généviève d'Urphe.** Epreuve superbe et rare du IIIième état, avec l'adresse de Gillis Hendrix. W. 132. Coll. Verstolk.

PAR ADRIEN LOMMELIN:

593. **Alexandre de la Faille,** senateur d'Anvers. Superbe épreuve du Ier état, avec l'adresse de Gillis Hendrix, avec marges. W. 323.

594. **Lady Catherine Howard,** avec l'adresse de Gillis Hendrix et une marge d'un pouce.

595. **Jacques le Roi.** Très belle épreuve.

596. **Jean de Wael.** Très belle épreuve. W. 389.

PAR JEAN MEYSSENS:

597. **François van der Ee.** Très belle épreuve avec le nom du graveur, effacé depuis; le coin inférieur gauche restauré. Coll. Verstolk.

PAR JACQUES NEEFS:

598. **Marie Marguerite de Barlemont,** comtesse d'Egmont. Très belle épreuve et parfaite de conservation, avec marges, du Ier état, avec l'adresse de Meyssens. W. 350.

PAR PAUL PONTIUS:

599. **Don Alzar Basan.** Superbe épreuve du Ier état, avec Belgior au lieu de Regior. W. 145. Extrêmement rare.

600. **Jacques de Breuck.** Très belle et rare épreuve du II[d] état avec l'adresse de M. van den Enden et avec le nom du graveur. W. 149.

601. **Don Charles Colonna.** Superbe épreuve du Ier état, avec Cubit. Reg. Mat. au lieu de Cubic. Reg. Ma.[tis] (état décrit par Duchesne; voy. d'un iconoph. p. 193, comme „probablement unique"). W. 151. Coll. Robert-Dumesnil.

602. **Don Emanuel Frockas** Perera et Pimentel. Epreuve superbe du Ier état, avec Pinyra et l'adresse de M. van den Enden. W. 157. Très rare.

603. **Gaspar Gevartius.** Epreuve très belle et très rare du II[d] état, avec l'adresse de M. van den Enden et avec le nom du graveur.

604. **Don Diego Philippe de Gusman.** Epreuve superbe et rare du II[d] état avec l'adresse de Gillis Hendrix. W. 165.

605. **Gerard Honthorst.** Epreuve superbe et extrêmement rare du Ier état avant le nom du graveur. W. 170.

606. **Constantin Hugens.** Epreuve superbe et très rare du Ier état, avec l'adresse de M. van den Enden, avec plus d'un pouce de marge.

607. **Aubert Miraeus.** Très belle épreuve du II[d] état, avec l'adresse de Gillis Hendrix. W. 180. Très rare.

608. **François Thomas de Savoye.** Epreuve magnifique du Ier état, avec l'adresse de M. van den Enden, avec peu de marge. W. 204. Très rare.

609. La même estampe, épreuve du même état.

610. La même estampe. Epreuve superbe du II^{d} état, avec l'adresse de Gillis Hendrix. W. 205.

611. **Henri Steenwyck.** Epreuve très belle et très rare du II^{d} état, avec l'adresse de M. van den Enden et avec le nom du graveur. W. 212.

612. La même estampe. Très belle épreuve du IVième état, l'adresse effacée. W. 214.

613. **Théodore Vanloo.** Très belle et rare épreuve du Ier état, avant le nom du graveur. W. 216.

614. La même estampe. Belle et rare épreuve du II^{d} état, avec l'adresse de M. van den Enden et avec le nom du graveur, W. 218; les coins inférieurs un peu restaurés.

615. La même estampe. Belle épreuve du IIIième état, avec l'adresse de Gillis Hendrix. W. 219.

616. **Simon de Vos.** Très belle épreuve du IIIième état, avec l'adresse de Gillis Hendrix. W. 223.

PAR CORNEILLE VISSCHER:

617. **Henri de Booys.** Très belle épreuve avec l'adresse de Cooper, avec marges.

PAR ROBERT VAN VOERST:

618. **Chrétien, évêque postulé de Halberstadt.** Superbe épreuve et extrêmement rare avant toute lettre (le titre est inscrit à l'encre), W. 402; doublée.

PAR LUCAS VORSTERMAN:

619. **Thomas Howard** comte de Arundel et son épouse Lady Alathee Talbot, représentés assis, dans une même composition. Superbe épreuve, à grande marge. W. 408.

620. **Jacques Cachopin.** Epreuve superbe et extrêmement rare du Ier état, avant le nom du graveur, W. 244; un peu tachetée. Coll. Franck.

621. **Venceslas Coeberger.** Epreuve très belle et très rare du Ier état avant le nom du graveur, W. 250; tachetée.

622. **Théodore Galle.** Très belle épreuve du IIIième état, avec l'adresse de Gillis Hendrix. W. 265.

623. **Isabelle Claire Eugenie.** Epreuve superbe et extrêmement rare du Ier état, avant l'adresse de Gillis Hendrix.

624. **Charles de Mallery.** Superbe et rare épreuve du IIIième état, avec l'adresse de Gillis Hendrix. W. 281.

625. **François de Moncada.** Epreuve magnifique, extrêmement rare, du Ier état, avant les mots „cum privilegio“ et avec les lignes parfaitement visibles, entre lesquelles ces mots sont ajoutés plus tard.

626. **Nicolas Fabrice de Peiresc.** Très belle et rare épreuve du IId état, avec l'adresse de M. van den Enden et avec le nom du graveur. W. 287. Coll. Verstolk.

627. La même estampe. De même.

628. **Nicolas Rockox.** Epreuve superbe et très rare du Ier état, avant la lettre dans la marge du bas, avant les noms de Platon et de Sénèque sur la tranche des deux volumes placés sur la table et avant les medailles sur la table. W. 410.

629. **Corneille Schut.** Epreuve superbe et très rare du Ier état, avant le nom du graveur. W. 293.

630. **Don Ambroise Spinola.** Epreuve très belle et très rare du Ier état, avec l'adresse de M. van den Enden, W. 296, signée: P. Mariette 1669.

631. **Pierre Stevens.** Epreuve magnifique et extrêmement rare du Ier état, avant le nom du graveur, W. 299; sans marges et à gauche un peu rognée.

632. **Wolfgang Guillaume comte Palatin du Rhin.** Epreuve magnifique et très rare du Ier état, avant l'adresse de Gillis Hendrix, W. 332; les coins droits restaurés.

633. **Lucas van Uden.** Epreuve superbe et très rare du Ier état, avant le nom du graveur. W. 303.

PAR LUCAS VORSTERMAN DIT LE JEUNE:

634. **Gerard Seghers.** Bonne épreuve du IIIième état, avec l'adresse de M. van den Enden. W. 310.

635. **Lucas Vorsterman.** Epreuve magnifique, sans marge. W. 411.

ALBERT VAN EVERDINGEN.

636. **Le paysage de forme ronde.** B. 4. Ancienne épreuve de la planche ovale (papier à la folie).

637. **Le hameau au terrain** montueux. B. 19. Ancienne épreuve avant le ciel.

638. **Les tonneaux débarqués.** B. 20. Premier état à l'eau-forte pure avant le ciel et avant la bordure renforcée au burin. Coll. Robert-Dumesnil.

639. **Le hameau au rocher.** B. 25. Ancienne épreuve avant la retouche.

640. **Les trois chèvres** au bord de l'eau. B. 35. Première et superbe épreuve avec la bordure faible et avant les travaux au burin, avec marge.

641. **Les chaumières** sur le bord d'un torrent. B. 36. Superbe épreuve avant les travaux au burin.

642. **La chaumière délabrée.** B. 38. Premier état à l'eau-forte pure avec les coulures de l'eau-forte, avant le ciel, avant la bordure et avant plusieurs travaux à la pointe sèche. Très rare.

643. **Les deux hommes à la porte.** B. 48. Premier état avant la bordure renforcée au burin, avant le ciel etc.

644. **Le petit pont de bois.** B. 53. Ancienne épreuve avant les retouches au burin.

645. 2 F. **Le chariot au défilé.** B. 57. Epreuve superbe avant le ciel, avant beaucoup de retouches, et la même estampe, épreuve du II^d^ état.

646. **Les deux nacelles vuides.** B. 60. Premier état à l'eau-forte pure.

647. **La femme regardant la nacelle.** B. 75. Ancienne et très belle épreuve du II^d^ état.

PHILIPPE FRUYTIERS.

648. **Jacobus Edelheer.** Ph. Fruytiers ad vivum fecit. Très belle épreuve d'une pièce capitale; un petit endroit du front un peu frôlé.

JEAN FYT.

649. 7 F. **Différens animaux.** B. 1—8. manque B. 7. Epreuves superbes du premier état avant le nom, avant le millésime et avant l'adresse; au verso des n. 3 et 8 une contre-épreuve de la même estampe. Très rare.

CORNEILLE GALLE.

650. **Judith** qui coupe la tête à Holopherne, estampe nommée la grande Judith, d'après Rubens. Bas. 27. Epreuve d'essai avant toutes lettres, avant beaucoup de travaux, et retouchée au pinceau de la propre main du peintre. Un peu endommagée. De la plus grande rareté, plutôt unique.

651. **Venus allaitant les amours,** Crescetis amores, d'après Rubens. Bas. 44. Epreuve superbe de cette jolie pièce, provenant de la collection Verstolk.

652. **Portrait de Juste-Lipse,** d'après Otho Venius, avec une bordure de la composition de Rubens. Bas. 67. Très belle épreuve.

653. **Le paysage** avec la charette descendant dans un chemin creux, d'après Rubens (Bas. 5 en contre-partie), dans la marge inférieure seulement les mots: Corn. Galle. Epreuve superbe.

Quant aux portraits gravés par Galle d'après van Dyck voy. van Dyck.

JACQUES DE GHEYN.

654. 2 F. **Hugejanus Grotius,** anno 1600 ruit hora aet. XV. Epreuve superbe de l'original, et une copie.

655. **Gorlaeus,** aetatis suae 52 a. 1603. Très belle épreuve.

656. La même estampe. Très belle épreuve; à grande marge.

657. **Caroli Clusii** Atrebatis 75 aetatis annum agentis effigies a nato Christo 1600. Très belle épreuve, avec de la marge.

658. **Gerrit Berkhout** scoltet tot Haerlem altyt noopende. Sans le nom du maître (voir catal. d. M. van Leyden p. 122). Pièce ronde, sans marge.

659. **Tête d'homme,** planche ovale avec l'inscription: Soo God wil R. J. V. D. out 60. 1596. Très belle épreuve de ce beau portrait.

660. La même estampe. De même.

JACQUES GOLE.

Gravures en manière noire.

661. **Le beau désir,** dans la marge d'en bas quatre vers hollandais: Griet dat gy tov'ren kunt etc. C. Dusart inv. J. Gole fec. et exc. Epreuve superbe d'une jolie pièce, sans marges.

662. **Jeune homme** jouant de cornemuse, à mi-figure (l'ouïe), à gauche: J. G. fecit. Epreuve superbe.

663. **Jeune homme** mangeant un saucisson, à mi-figure (le goût), à gauche: J. G. fecit. De même.

664. **Portrait de Rembrandt.** Claussin oeuvre de Rembrandt suppl. append. n. 40. Superbe épreuve avant la lettre.

665. **Portrait de Jean Steen** jouant de la guitare. Steen pinx. J. Gole fecit.

666. **Jeune paysant,** un grand chapeau sous le bras, jouant aux billes sur le fond d'un tonneau. J. Steen pinx. J. Gole fec. et exc. Epreuve superbe.

HENRI GOLTZIUS.

667. **Jésus Christ** circoncis dans le temple. Chef d'oeuvre du maître en manière de Durer. B. 4. Superbe épreuve avec le numéro.

668. **Frédéric II.,** roi de Dannemarc. B. 166. Epreuve superbe. Coupée, mais la bordure visible.

669. La même estampe. De même.

670. **Philippe Galle,** graveur à Anvers. B. 170. Epreuve superbe.

671. **Nicquet.** B. 177. Epreuve superbe.

672. La même estampe. De même.

673. **Guillaume de Nassau,** prince d'Orange. B. 178. Très belle épreuve du premier état avant l'adresse, parfaite de conservation.

674. **Charlotte de Bourbon** Montpensier, pendant du numéro précédent. De même.

675. **Abraham Ortelius,** célèbre géographe, en buste. B. 180. Coupée, mais la bordure visible.

676. **Godeschalch Stewecchius.** B. 186. Très belle épreuve.

677. **Jean Zurenus.** B. 189. Belle épreuve du premier état ~~avant l'écusson d'armes,~~ collée sur papier à la grande folie.

678. La même estampe. Superbe épreuve avec l'écusson d'armes.

679. **Une femme en buste** (Cath. Decker). In lieden geduldich. B. 191. Epreuve superbe à grande marge.

680. La même estampe. Epreuve superbe. Coupée, mais la bordure visible.

681. **Un homme en buste.** Vive moriturus, ut moriendo vivas (en rébus). B. 196. Coupée, la bordure visible.

682. **Un homme en buste** (Joh. Kellenberg). Fortune est telle. B. 197. Epreuve superbe. De même.

683. **Un jeune homme en buste.** Vertu vray honneur (à rebours). B. 198. Epreuve superbe.

684. **Homme en buste** (Gysbrecht Jacobz van Duvenvoorde). Moderata durant (à rebours). B. 200. Epreuve superbe sur parchemin.

685. La même estampe. Epreuve superbe.

686. **Un seigneur hollandais** en buste (Adrian van Swieten). Bemindt Gherechticheyt. B. 201. Belle épreuve.

687. **Jeune homme en buste** (P. Breughel). In medio consistit virtus. B. 202.

688. **Nicolas de Daventer,** mathématicien. L'homme propose et dieu dispose. B. 204. Epreuve superbe.

689. **Un homme en buste.** Godt verzacht. B. 206. Epreuve superbe.

690. La même estampe avec une planche séparée qui contient sept vers latins commençant par ces mots: Mercurio, Musis, Phoebo etc. Très belle épreuve.

691. **Un homme en buste** (Simon Sovius). Bene agere et nil timere. B. 207. Epreuve superbe sur parchemin, signée: Rechberger 1804.

692. La même estampe. Epreuve superbe (Rechberger 1804).

693. **Un homme en buste** (Gerrit Willemsz Vries). Ut cito prima fugit nascentis gratia floris (à rebours). B. 208. Epreuve superbe. Coupée, mais la bordure visible.

694. La même estampe, une contre-épreuve.

695. **Catherine Decker.** B. 210. Epreuve magnifique du IIIième état.

696. La même estampe. Très belle épreuve du IVième état.

697. **Cornelia Capellen,** épouse de J. N. de la Faille, posant la main gauche sur une tête de mort. B. 213. Epreuve superbe, les bords de l'estampe un peu manquant de conservation.

698. La même estampe. Très belle épreuve, parfaite de conservation.

699. **Un officier de guerre** s'appuyant sur une hellebarde qu'il tient de la main gauche. B. 215. Epreuve superbe, avec marge.

700. **Un officier de guerre** tenant une hellebarde de la main droite. B. 216. Belle épreuve.

701. **Tête d'homme** (Antoine de Wildberg). Confide et ama, à rebours. Manque à Bartsch, Weig. 335.

702. **Portrait d'homme.** Auf Gott stehet mein Vertrauen. Manque à Bartsch, Weig. 339.

NICOLAS WALRAVEN VAN HAEFTEN.

a) en manière noire:

703. **Deux fumeurs** près d'une fenêtre, dans le fond un buveur le verre à la main, à gauche en haut un chapeau accroché. N. van Haeften pinx. et sculp. Très belle pièce inconnue à Bartsch, mais décrite dans le catalogue Rigal p. 166 n. 17. Weig. 10. Epreuve superbe. Extrêmement rare.

b) à l'eau-forte:

704. **Les fumeuses.** B. 4. Superbe épreuve, provenant des collections Robert-Dumesnil et Verstolk.

705. **Le petit fumeur.** B. 5. Très belle épreuve de cette jolie pièce.

706. **Le grand fumeur.** B. 7. Epreuve superbe.

707. La même estampe. Très belle épreuve, provenant des collections Robert-Dumesnil et Verstolk.

708. **Le pêcheur.** B. 9. Superbe épreuve. Coll. Robert-Dumesnil et Verstolk. Rare.

709. **Le simple repas,** deux paysans à table, un troisième debout entre eux, à terre des uteusiles de menage. N. V. Haeften in. f. 1695. Belle pièce, inconnue à Bartsch, mais décrite dans le catalogue Rigal p. 164 n. 7. Weig. 21. Epreuve superbe. Extrêmement rare.

710. **La jeune fille** assise tenant une pipe. Pièce inconnue à Bartsch, mais décrite dans le catalogue Robert-Dumesnil p. 63 n. 2. Weig. 37. Superbe épreuve avec le nom du maître, mais avant le millésime; doublée et les deux coins en bas un peu endommagés. Extrêmement rare.

JEAN HAKKAERT.

711. 6 F. **Différens paysages.** B. 1—6. Suite complète. Superbes épreuves de cette rare suite avec l'adresse de Clement de Jonghe, parfaites de conservation.

JEAN VAN DEN HECKE.

712. 10 F. **Différens animaux.** Suite de douze estampes. B. 1—12., manquent B. 6. 7. Epreuves superbes du premier état avant l'adresse au titre et avant quelques travaux ajoutés; les numéros 1. 2. 3. 4. 8. 9. 10. 11. 12 avant la bordure au burin, n. 5 un peu chiffonnée, au n. 8 le coin supérieur droit un peu déchiré. Extrêmement rare.

713. **Le titre de la suite précédente.** B. 1. Epreuve superbe avant l'adresse et avant la bordure au burin. Très rare.

714. **Les moutons.** B. 2. Epreuve magnifique avant la bordure au burin. Très rare.

P. V. H.

715. **La chienne chaude.** B. 3. Très belle épreuve avec le numéro 3. Pièce très rare.

716. **Les deux chiens** qui se battent. B. 4. avec le numéro 4. Belle et rare.

717. **La chienne et ses petits.** B. 5. Superbe épreuve avant le numéro. Très rare.

718. **Les trois chiens et la charogne.** B. 7. Belle épreuve avec le numéro, avec marges. Pièce rare.

719. **Les chiens en chasse.** B. 8. avec le numéro. Belle et rare pièce, une déchirure à la gauche de l'estampe très bien restaurée.

720. **Le chien enchaîné et couché.** B. 9. Belle épreuve avec l'adresse de Nicolas Visscher et le numéro 1.

721. **Les trois chiens.** B. 10. Très belle épreuve avec le numéro 3.

J. JONKHEER (Bartsch I p. 116).

722. **Les trois levriers.** B. 1. Très belle épreuve avec le numéro 2, avec beaucoup de marge.

723. **Les quatre levriers.** B. 2. Ancienne et très belle épreuve avec le numéro 4.

724. La même estampe. Ancienne épreuve, un peu chiffonnée.

ROBERT VAN DEN HOECKE.

725. **Le moulin à vent.** B. 1. Très belle épreuve.

726. **La tour carrée.** B. 2. Epreuve superbe avec la faible bordure, avant les travaux au burin. *) Très rare.

727. **La tente.** B. 3. Très belle épreuve avec la bordure forte.

728. **Les deux chariots.** B. 4. Epreuve avec la faible bordure. Très rare.

729. **Le tas de foin.** B. 5. Epreuve avec la faible bordure. Très rare.

---

*) Le premier état des n. 1—8 est avant les bordures renforcées et gravées au burin. Les premières épreuves ne sont entourées que d'un trait très faible, irregulier et entrecoupé. On n'y voit pas encore les travaux au burin, qui servent à donner plus de force aux ombres, et qui sont employés avec beaucoup de connaissance et beaucoup d'habilité. Si le Ier état est plus léger et plus spirituel de travail, le IId se distingue par la force et l'énergie du ton.

730. **Les deux chaumières.** B. 6. Epreuve avec la faible bordure, la planche pas encore nettoyée. Très rare.

731. **Le camp près du village.** B. 7. Epreuve à l'eau forte pure avant la bordure forte. Très rare.

732. La même estampe. De même.

733. **Le petit camp.** B. 8. Très belle épreuve avec la bordure forte et les retouches au burin. Bartsch: „ce morceau est difficile à trouver."

734. **La tente tendue.** B. 9. Toute première épreuve à l'eau forte pure, avant la bordure au burin et avant les travaux au burin. Extrêmement rare.

735. **Le puits.** B. 10. Très belle épreuve avec l'adresse de Wyngaerde.

736. **Le maréchal ferrant.** B. 11. Très belle épreuve avec l'adresse de Wyngaerde. Coll. Verstolk.

737. **Le groupe de quatre hommes** près de l'arbre. B. 13. Epreuve avant la retouche.

738. **La marmite.** B. 14. Très belle épreuve avec l'adresse de Wyngaerde.

739. **Le chariot escorté.** B. 15. Premier état non décrit, la planche plus haute, en haut entre le grand arbre à droite et le bord supérieur de l'estampe est une distance de 9 millimètres, avant la bordure forte et avant beaucoup de travaux au burin. Extrêmement rare, sinon unique.

740. La même estampe. Second état non décrit, l'arbre à droite touche le bord supérieur de l'estampe, avant la bordure forte et avant beaucoup de travaux au burin. Extrêmement rare.

741. La même estampe. Troisième état, une partie (4 mill.) du grand arbre est coupée en haut, la bordure est forte, beaucoup de travaux au burin sont ajoutés. Très belle épreuve.

742. **La marmite au sommet de la colline.** B. 16. Belle épreuve avec l'adresse de Wyngaerde.

743. **Le Village au bord de l'eau.** B. 19. Premier état avec la faible bordure et avant la retouche au burin.

GERARD HOET.

744. **Mercure** présentant l'enfant Bacchus aux nymphes, dans la marge du bas il y a des vers hollandais: Merkur beveelt de sorgh des kleine Wyngodts aen de Nymfen etc. Très belle épreuve d'une pièce très rare.

JEAN VAN HUCHTENBURG.

745. **Les pilleurs**, en manière noire. B. 1. Belle épreuve, à grande marge.

JACQUES JANSON, P. C. JANSON, P. JANSON.

746. 170 estampes montées sur 46 feuilles, formant l'oeuvre complet des maîtres avec le double portrait de Jacques Janson, l'un gravé par L. B. Coclers (deux épreuves: une épreuve d'essai où le peintre est vu tête nue, et une épreuve terminée où il a un chapeau sur la tête), l'autre gravée par lui-même en manière de crayon (deux épreuves: une épreuve d'essai, et une épreuve terminée avant la lettre). Cet exemplaire est encore plus riche que les exemplaires décrits dans le catalogue Rigal p. 180 n. 394—397 et dans le catalogue des objets d'art de Weigel n. 5495; la plupart des morceaux s'y trouve en variations de toute sorte: en toutes premières ébauches, en épreuves d'essai non terminées, quelquesunes retouchées par l'artiste lui-même au crayon, formant presque des dessins, en épreuves superbes à l'eau-forte pure, avant les ciels, avant le nom, les numéros etc. etc. — Cette collection très curieuse sera vendue ensemble, avec le portefeuille.

CHRISTOPHE JEGHER.

747. **Susanne** surprise par les vieillards, d'après Rubens, en taille de bois. Bas. 36. Epreuve superbe du premier état avec Rubens delin. et excud., parfaite de conservation.

748. 36 estampes représentant la vie et la passion de Jésus Christ, d'après A. Sallaert, gravées en bois pour le catechisme de l'Archevêque de Malines: Perpetua crux etc., voir Weigel Kunstkatalog n. 9970, par J. C. J. (manquent quatre

feuilles de la suite entière qui est composée de quarante estampes). Epreuves superbes et fort rares avant le texte au verso et imprimées sur trois feuilles dont chacune comprend douze pièces pas encore séparées.

JONKHEER VOY. P. V. H.

HENRI KOBELL.

749. 2 F. **Paysage** avec une grande maison rustique, à droite une marine, à gauche une grange champêtre, en haut au coin gauche: Hendrik Kobell jun. f. 1768. No. 1. Belle eau-forte, décrite dans les catalogues Paignon-Dijonval n. 2475. Rigal p. 187 n. 427, et Weigel n. 14524. Deux épreuves: a) effet de jour, où l'on voit des poules dans la basse cour, b) effet de nuit au clair de la lune, les poules sont supprimées.

750. 2 F. **La longue jetée,** à gauche une église, au fond un village avec plusieurs moulins à vent, en haut à droite: Hend. Kobell junior f. 1768. N. 4. V. catalogue Rigal p. 188 n. 427. Deux épreuves: a) épreuve d'essai imprimée avec une couleur très argentée, les bords de la planche sales et le nom écrit par le maître, b) une épreuve lavée au bistre par le maître lui-même, avant le nom gravé au burin. Très rare.

JEAN KOBELL.

751. 2 F. 1) **Tête de boeuf** tournée vers la gauche, J. Kobell 1801, 2) Tête de boeuf tournée vers la droite, sur papier bleu, rehaussée de blanc. Pièces belles et extrêmement rares. Voir Weigel Kunstcatal. n. 5517.

LÉONARD VAN DER KOOGEN.

752. **L'homme de douleurs.** B. 1. Très belle épreuve. Très rare.

753. **S. Sebastien.** B. 2. Epreuve superbe. Coll. Robert-Dumesnil.

754. La même estampe. De même.

755. **Le guerrier debout,** vu par le dos. B. 4. Très belle épreuve.

756. **Le guerrier assis** sur deux marches et trois autres soldats. B. 7. Très belle épreuve.

757. La même estampe, épreuve encore plus belle, mais sans marge.

758. **La femme portant la cruche.** B. 8. Très belle épreuve de cette charmante pièce.

759. **Les Joueurs aux dames.** Pièce inconnue à Bartsch, Weig. 10. Extrêmement rare.

PIERRE DE LAER.

760. 9 F. **Différens animaux.** B. 1—8. Suite complète, très belles épreuves, de plus une copie du n. 1.

761. 4 F. de la même suite. B. 1. 2. 5. 7. Anciennes épreuves.

762. 4 F. **Différens chevaux.** B. 9—14., manquent B. 10. 11. Belles et anciennes épreuves. B. 12 tacheté.

763. **Le cheval qui pisse.** B. 11. Epreuve magnifique d'une ancienne édition où la planche n'étoit pas encore nettoyée; avec marge.

764. **La famille.** B. 15. Très belle et ancienne épreuve.

765. La même estampe. Belle épreuve, avec marge.

766. **Paysage.** B. 18. Ancienne épreuve du Ier état, la planche pas encore nettoyée, avant la bordure, à grande marge. Très rare.

767. 2 F. **La femme assise.** B. 19. Epreuve du Ier état, la planche fort irregulière, à grande marge; et une ancienne épreuve ordinaire. Très rare.

768. 2 F. **Le cavalier.** B. 20. Epreuve du Ier état, avant que le chapeau du cavalier et le pied droit de devant et le pied gauche de derrière du cheval n'aient été mieux formés, la planche pas encore nettoyée, à grande marge; et une ancienne épreuve, le chapeau etc. mieux formés. Très rare.

769. 2 F. **Vue de Rome,** prise de Colisée. La plus belle pièce du maître, inconnue à Bartsch, Weig. 21. Très belle épreuve du Ier état, et une épreuve du II^d^ état tout retouché. Extrêmement rare.

GUILLAUME VAN LANDE.

770. 6 F. Suite de six feuilles numerotées représentant des escaramouches et batailles. W. v. Lande fec. Catal. Rigal p. 475 n. 938. Très belles épreuves du Ier état, avec l'adresse de C. Visscher, provenant de la collection Robert-Dumesnil.

LUCAS DE LEYDE.

a) Gravures sur cuivre :

771. **Adam et Eve** chassés du paradis par un ange. B. 4. Epreuve superbe, sans marge.

772. **Le péché d'Adam et Eve.** B. 10. Epreuve extrêmement rare du premier état avant le chiffre du maître (marque du papier la lettre b). Bartsch: „nous avons vu dans le cabinet de Mr. le comte Fries une épreuve avant la lettre L." Coll. Brooke.

773. **Dalila** coupant les cheveux de Samson. B. 25. Epreuve magnifique de la plus grande beauté, doublée d'un papier très mince à cause de petites restaurations.

774. La même estampe. Epreuve ~~superbe~~; le coin inférieur gauche restauré.

775. La même estampe. Belle épreuve, comme les précédentes avant l'adresse de Petri, parfaite de conservation.

776. **Repos en Egypte.** B. 38. Pièce très rare, épreuve d'une rare beauté.

777. **La resurrection de Lazare.** B. 42. Epreuve superbe de cette rare pièce, parfaite de conservation (marque du papier la lettre b).

778. 14 F. **La passion de Jésus Christ.** B. 43—56. Fort belles épreuves formant une suite complète et presque égale. Quelquesunes un peu tachetées.

779. **La vierge avec l'enfant** accompagnée de S. Anne. B. 79. Belle épreuve de cette jolie pièce.

780. **La vierge avec l'enfant Jésus** assise dans un paysage. B. 84. Belle épreuve, un peu rognée.

781. La même estampe. Epreuve très vigoureuse de ton, mais tachetée (marque du papier la lettre b).

782. **S. Jérôme** assis au pied d'un rocher avec le lion. B. 112. Epreuve superbe, un peu restaurée à la tête du Saint.

783. **S. Sebastien** attaché à un arbre. B. 115. Epreuve superbe d'une rare beauté, parfaite de conservation.

784. **S. Madelaine** dans le désert. B. 123. Epreuve magnifique et parfaite de conservation. Extrêmement rare.

785. **Venus et l'amour.** Venus la très belle déesse d'Amour. B. 138. Epreuve magnifique.

786. **Un enseigne** portant un drapeau déployé. B. 140. Superbe épreuve, parfaite de conservation, avec une petite marge.

787. La même estampe. Epreuve encore plus belle, sans marge.

788. La même estampe. Très belle épreuve, manquent en bas 2 millim.

789. **La promenade.** B. 144. Epreuve superbe.

790. **La dame au bois.** B. 146. Admirable épreuve de cette charmante pièce.

791. **La femme et le chien.** B. 154. Epreuve magnifique.

792. La même estampe. Très belle épreuve.

793. **Les armes de la ville de Leyde** au milieu de quatre ronds. B. 168. Belle épreuve.

794. **Deux rinceaux d'ornemens.** B. 169. Très belle épreuve, parfaite de conservation.

795. **Deux ronds,** un amour allant à chasse et un amour portant sur le dos un autre qui sonne du cor. B. 170. Belle épreuve.

796. **Deux ronds,** un amour tenant à la main une girouette et un autre touchant un globe avec une baguette. B. 171. Belle épreuve.

797. **Portrait de Lucas de Leyde.** Effigies Lucae Leidensis propria manu incidere. Gravé à l'eau-forte. B. 173. Belle épreuve, parfaite de conservation.

b) gravure sur bois :

798. **Hérode** à la table, une servante d'Hérodiade apporte la tête de S. Jean Baptiste. B. 12. Epreuve magnifique. Extrêmement rare.

JEAN LIEVENS VOIR REMBRANDT.

LE MAITRE AU MONOGRAMME P. V. L.

(Bartsch VIII p. 24).

799. **Le maître de la vigne** de l'évangile. B. 1. Très belle épreuve de cette pièce belle et rare.

JACQUES LUTMA.

800. 4 F. **Quatre petits paysages** en haut, d'après J. Both. Pièces rares, mentionnées dans le catalogue Rigal p. 486. Winckler n. 574. Nagler dans l'article Jean Lutma n. 12—15. Epreuves avant la lettre et les numéros.

JEAN LUTMA.

801. **Grande fontaine** ornée de statues dans une place publique, à gauche la colonne de Trajan. Joannes Lutma junior fecit 1656. Epreuve superbe d'une pièce rare.

802. **Tête de vieillard** vue de face, à grande barbe; elle est couverte d'un bonnet pointu fourré. Sans nom, in-8. Très belle épreuve d'une jolie pièce, attribuée à ce maître.

THÉODORE MAAS.

803. 9 F. **Cavaliers en manège.** Suite de 9 estampes. D. Maas inv. et fecit. Cat. Rigal n. 472 et Weigel n. 2700. Très belles et anciennes épreuves, à grandes marges, avec une légère bordure au pinceau. Rare.

804. 9 F. **Titre** et huit morceaux, la suite des soldats dans différentes attitudes. Très belles épreuves. Rare.

805. **Un cheval debout** dirigé vers la gauche, à droite en bas: Mas. Rare.

806. **Cavalier** qui fait traverser son cheval de la droite vers la gauche. Morceau sans marque, non compris dans le manège, décrit par Weigel Kunstcatal. n. 7276. Epreuve superbe, avec marge. Très rare.

807. **Cavalier** qui fait traverser son cheval de la gauche vers la droite, pendant du numéro précédent, voir Weigel Kunstcatal. n. 17256. Epreuve magnifique. Très rare.

IGNACE MARINUS.

808. **L'adoration des bergers,** d'après Jordaens. Epreuve superbe avant toutes lettres. De la plus grande rareté, peut-être unique.

809. **Sainte famille.** Dat Rosa sancta rosam etc. Joan. van Hoeck pinxit. Marinus fecit. Romboudt van de Velde excudit. Très belle épreuve.

JEAN MARTSS LE JEUNE.

810. **Le cavalier et la vivandière** devant la tente. B. 1. Epreuve superbe du premier état avec l'adresse de J. C. Visscher et le numéro 1 à droite, provenant des collections de Vos et Verstolk.

811. **Le combat entre trois cavaliers.** B. 2. avec le numéro 2 à droite. Epreuve superbe. Coll. de Vos et Verstolk.

812. La même estampe. Très belle épreuve.

813. **Le combat entre deux cavaliers.** B. 3. avec le numéro 3 à droite. Epreuve superbe. Coll. de Vos et Verstolk.

814. **Bataille de cavalerie,** au milieu un commandant à cheval tenant de la main gauche un bâton de commandement. B. 4. Bartsch: „ce morceau est gravé avec infiniment d'esprit.“ Epreuve superbe avec le numéro 5 a.

815. La même estampe, avec le numéro (le numéro est gratté sur l'estampe).

816. **Le cheval en repos.** B. 5. Très belle épreuve avec le numéro 5 b.

817. La même estampe (le numéro est gratté sur l'estampe).

818. **Combat de cavalerie**, à droite trois cavaliers courants à toute bride. B. 6. Epreuve magnifique avec le numéro 6 à droite. Coll. de Vos et Verstolk.

CORNEILLE MATTUE.

819. **Le muletier.** B. 3. Très belle épreuve avec l'adresse de Wyngaerde.*) Extrêmement rare.

820. La même estampe. Epreuve encore belle avec l'adresse de Wyngaerde et de H. Parker dans la marge d'en bas, avec de la marge.

821. **Paysage avec le pêcheur.** Pièce inconnue à Bartsch, mais décrite dans le catalogue Paignon-Dijonval p. 137 art. 3714 n. 4. Weig. 4. Très belle épreuve, en bas à droite un peu rognée. Extrêmement rare.

ALBERT MEIERINGH.

822. 2 F. **Les filles de Cécrops** et les baigneurs. B. 25. 26. Très belles épreuves; au n. 25 une tache jaune.

A. F. VAN DER MEULEN.

823. **Combat de cavalerie** sur un terrain montueux, un grand nombre de combattants occupe toute la largeur de la feuille, le combat le plus ardent se trouve représenté à la droite, à gauche on voit un arbre très haut. Eau-forte non décrite. Hauteur 200 mill., Largeur 355. Comme elle est d'un travail tout différent de tous les maîtres connus qui ont gravé d'après van der Meulen, elle parait être du peintre lui-même. Extrêmement rare.

JEAN MIELE.

824. **Le berger jouant de la cornemuse.** B. 1. Epreuve superbe de cette jolie pièce, avec marge.

825. **La brebis.** Morceau inconnu à Bartsch, mais décrit dans le catal. Paignon-Dijonval n. 3616. Weig. 10. Très rare.

*) Cette adresse n'est pas citée par Bartsch: on la voit en très petits charactères sur une pierre au milieu du bas.

826. **La sainte famille** avec le St. Jean, pièce décrite par Bartsch dans l'oeuvre de Biscaino n. 25. Weig. 11. Très rare.

827. **La vierge,** l'enfant Jésus sur ses genoux, assise et s'appuyant à un rocher. Pièce mentionnée ni par Bartsch, ni par Weigel, mais nommée dans le catalogue Rigal p. 504 n. 1002. Hauteur 130 millim., Largeur 167. Epreuve très fine, les bords de la planche fort irreguliers, le coin supérieur droit rond. Extrêmement rare.

FRANÇOIS DE MIERIS.

828. **La Muse Erato** tenant des deux mains une lyre. Très belle épreuve d'une pièce rare.

829. **Tête d'homme barbue,** vue de trois quarts, tournée vers la gauche, en haut à droite F. V. M. Pièce décrite par Brulliot dictionn. des monogr. II p. 113 n. 896. Epreuve à grande marge. Fort rare.

PIERRE MOLYN.

830. 4 F. **Différens paysages** ornés de figures. B. 1—4. Belles épreuves, B. 3 et 4 avec les numéros. Coll. Fries (F. Rechberger 1798 au verso de chaque feuille) et Verstolk.

831. 4 F. **La suite de paysages** ornés de figures en plus petit format, attribuée au maître. Très belles épreuves.

CHARLES DE MOOR.

832. **Joannes Goyen** natione Batavus genuinus Pictor regionum, en haut à gauche: C. D. Moor. Belle épreuve.

833. **Franciscus a Mieris** pictor Leidensis. Très belle épreuve, lavée à l'encre de Chine, à grande marge. Rare.

MAITRE INCONNU, DU TEMPS DE GOLTZIUS.

834. **Portrait de Jean Pierre Sweeling,** célèbre organiste à Amsterdam, assis. Demi-figure.

HENRI NAIWINCKS.

835. 8 F. **Différens paysages.** Première suite en huit estampes.

B. 1—8. Suite complète, uniforme et de la plus parfaite beauté avec la première adresse de Cl. de Jonghe, provenant de la collection Brooke.

836. **Paysage** avec deux arbres au milieu et un monticule couvert d'une ombre très noire à gauche. B. 9. Très belle épreuve avec l'adresse de Cl. de Jonghe.

837. **Paysage** avec un haut rocher à gauche et deux arbres plantés sur le bord d'une rivière. B. 12. Epreuve superbe.

JEAN VAN NIKKELEN.

838. **Paysage** avec un pont de pierre de deux arcs, à droite une tour en ruines, à gauche un homme et un âne seulement la moitié visibles. Pièce non mentionnée par Bartsch, mais décrite par Weigel Kunstcatal. n. 5480. V. Weig. suppl. p. 320. Nagler n. 3. Belle épreuve. Rare.

JEAN VAN NOORDT.

839. **Paysage** avec des grandes roches surmontées des ruines du temple de la Sibylle à Tivoli, d'après Lastman. J. v. Noordt fecit 1645. Epreuve superbe avant la retouche au burin.

JEAN VAN OSSENBECK.

840. **Le marchand de genièvre.** B. 5. Premier état avant le nom du maître; le papier un peu sale. Rare.

841. **Les deux ânes.** B. 13. Premier état avant le nom du maître. Coll. Barnard et Robert-Dumesnil.

842. **Le chasseur.** B. 16. Premier état avant le nom du maître; un pli au milieu de l'estampe restauré. Coll. Robert-Dumesnil.

843. **Les deux aniers.** B. 17. Ancienne épreuve du II^d. état, avec de la marge.

844. **Les vaches.** B. 19. Premier état avant le nom du maître.

845. **Le campo vaccino.** B. 24. Premier état avant le trait carré et avant le nom, beau et très rare.

846. **La cafarella** ou la grotte de la nymphe Egerie. B. 25. Pièce capitale du maître, premier état très rare.

847. **Vue de la maison de plaisance de Mr. de Wenzelsberg.** B. 27. Doublée à cause de petites déchirures dans l'air.

848. **Jésus Christ** dans la barque pendant une bourasque, d'après S. de Vlieger. B. 30. Rare.

ADRIEN VAN OSTADE.

849. **Portrait du maître,** gravé en manière noire par J. Gole. Jolie épreuve.

850. **Paysan avec une petite toque** noire. B. 1. Epreuve d'essai avant que la planche ait été nettoyée, avant le trait carré et le monogramme du maître. Extrêmement rare.

851. La même estampe. La planche nettoyée, avant la bordure, le nom, les contretailles sur la nuque, avant les travaux ajoutés sur la toque et avant les travaux à droite en bas qui réunissent l'ombre avec la bordure, avec une petite marge; doublée sans être endommagée. Très rare.

852. La même estampe. Ancienne épreuve avec la bordure, le monogramme et les travaux mentionnés.

853. **Paysanne qui rit.** B. 2. Epreuve avant la bordure et le monogramme, les bords de la planche sales; doublée sans être endommagée. Extrêmement rare.

854. La même estampe. Les bords de la planche nettoyés, avant la bordure et le monogramme, avec une petite marge; doublée sans être endommagée, un peu tachetée. Très rare.

855. **Le paysan avec un bonnet pointu.** B. 3. Epreuve avec la bordure au burin, mais d'un ton gris et monotone, avant les retouches sur le bonnet, le visage, la fraise, les épaules. Très rare.

856. La même estampe. Epreuve du même état, lavée à l'encre de Chine, l'habit étant colorié; doublée sans être endommagée.

857. La même estampe. Bonne épreuve avec les retouches sur le bonnet, le visage etc.

858. La même estampe, édition Basan.

859. **Paysan qui rit.** B. 4. Epreuve avant le nom, avec le fond noir et avec la faible bordure, avant beaucoup de retouches au burin sur les sourcils, l'oreille, les joues etc., sans marge et doublée, sans être endommagée. Très rare.

860. La même estampe. Epreuve au fond noir, avant le nom, avec la faible bordure et avec les retouches ci-devant mentionnées, avec une petite marge. Très rare.

861. La même estampe. Le fond noir effacé, la bordure renforcée, mais pas encore forte, avant le nom, avant beaucoup de travaux sur le visage, sur l'épaule droite etc.

862. La même estampe. Epreuve du même état, avec une petite marge.

863. La même estampe. Belle épreuve avec la bordure forte, avec le nom et les retouches sur le visage, sur l'épaule droite etc.

864. La même estampe, édition Basan.

865. 4 pièces imprimées sur une même feuille, savoir B. 1, état comme No. 851 avant la bordure et le nom; B. 2, état comme No. 854 avant la bordure et le nom; B. 3, état comme No. 855 avec la bordure au burin, mais avant les retouches sur le bonnet, la fraise etc.; B. 4, état comme No. 861 avant le nom, la bordure renforcée, mais pas encore forte etc. Extrêmement rare.

866. **Le fumeur.** B. 5. Epreuve avant la bordure, les ombres étant plus claires, le nez plus large, le tonneau distinctement visible, avec le nom. Très rare.

867. La même estampe. Ancienne et belle épreuve avec la bordure au burin, retouchée au burin; doublée sans être endommagée.

868. La même estampe, édition Basan.

869. **Le fumeur riant.** B. 6. Très belle et ancienne épreuve avant un petit trait échappé sur le bord du bonnet, entre l'oreille et l'oeil droit; il y a beaucoup de traces fines dans le fond.

870. La même estampe. Belle et ancienne épreuve avec le petit trait ci-devant mentionné.
871. La même estampe, édition Basan.
872. **Paysan sonnant du cor** ou le boulanger. B. 7. Epreuve superbe avec la bordure faible et avec les travaux à la pointe sèche, avec une petite marge. Très rare.
873. La même estampe. Epreuve superbe avec la bordure forte, pas plus travaillée, doublée d'un papier très mince.
874. La même estampe. Ancienne épreuve avec la bordure forte et beaucoup de travaux au burin, et avec les travaux très serrés à la pointe sèche dans les parties ombrées, produisant l'effet de la manière noire, à grande marge.
875. La même estampe, édition Basan.
876. **Le vielleur.** B. 8. Epreuve superbe avec la faible bordure. Très rare.
877. La même estampe. Epreuve superbe avec la bordure renforcée au burin, mais avant que le contour de l'épaule droite ait été réuni.
878. La même estampe. Très belle et ancienne épreuve du même état, à grande marge.
879. La même estampe. Belle épreuve avec le contour réuni, doublée sans être endommagée.
880. La même estampe, édition Basan.
881. **L'observateur.** B. 9. Très belle et ancienne épreuve avec quelques barbes ci et là.
882. La même estampe. Superbe épreuve avec une marge de plus qu'un pouce.
883. La même estampe. Belle et ancienne épreuve.
884. La même estampe, édition Basan.
885. **Le fumeur à la fenêtre.** B. 10. Très belle et ancienne épreuve, à grande marge.
886. La même estampe. Epreuve superbe (papier à la folie), sans marge.
887. La même estampe, édition Basan.
888. **La tendresse champêtre.** B. 11. Epreuve superbe avec la bordure renforcée, mais avant beaucoup de travaux

au burin sur la main droite, le chapeau et l'habit de l'homme, sur les deux mains et le mouchoir de tête de la femme etc. et avant le trait échappé sur la troisième feuille de vigne d'en bas et deux autres sur le mouchoir de tête de la femme; la marge du bas coupée et les coins gauches un peu restaurés, à droite une petite tache jaunâtre. Très rare.

889. La même estampe. Très belle et ancienne épreuve avec les travaux ci-devant mentionnés et avec les traits échappés, avec marge.

890. La même estampe, édition Basan.

891. **L'homme et la femme causant ensemble.** B. 12. Epreuve superbe et pleine de barbes, avec la faible bordure. Très rare.

892. La même estampe. Epreuve fine, mais faible du même état, on voit encore la tache noire sur le dos de la femme; à grande marge.

893. La même estampe. Epreuve avec la bordure au burin, mais avant les retouches dans le fond entre le visage de la femme et la maison au milieu de l'estampe, dans la porte et la fenêtre de la maison à droite, avant celles sur l'arbre, sur la vigne, sur la partie gauche de l'habit de l'homme, sur la corbeille de la femme etc., doublée et tachetée, et un petit trou en bas.

894. La même estampe. Belle épreuve avec ces retouches; les coins restaurés.

895. La même estampe, édition Basan.

896. **Les fumeurs.** B. 13. Très belle épreuve avec la bordure au burin, mais avant que l'ombre aux coins supérieur gauche et supérieur droit ainsi que les contours de la traverse de la cheminée à droite aient été prolongés jusqu' à la bordure. Doublée sans être endommagée.

897. La même estampe. Très belle épreuve avec les travaux à la pointe sèche dans les coins gauche et droit, mais avant les retouches au burin dans le coin supérieur droit entre le plat et la bordure, à grande marge.

898. La même estampe. Belle épreuve avec la retouche au burin dans le coin supérieur droit.

899. La même estampe, édition Basan.

900. **La mère et les deux enfans.** B. 14. Superbe épreuve avec la bordure au burin, mais avant les travaux à la pointe sèche principalement visibles entre l'ombre portée par le soutien gauche de l'avant-toit et la bordure, à droite du soutien droit de l'avant-toit et sur le coin supérieur gauche du chambranle de la fenêtre à droite.

901. La même estampe. Très belle et ancienne épreuve avec ces travaux, mais avant les contretailles sur la partie supérieure gauche du mouchoir de tête de la mère, avant les retouches dans le fond au-dessous du bras droit de la mère etc., à grande marge.

902. La même estampe. Epreuve avec les travaux ci-devant mentionnés.

903. La même estampe, édition Basan.

904. **La cruche vide.** B. 15. Très belle épreuve avec la bordure au burin, mais avant les travaux semblables à la manière noire, le chapeau du paysan monotone, avant les travaux ajoutés le long du dossier de la chaise à droite etc.; manque un peu du coin inférieur gauche, et sans marge. Très rare.

905. La même estampe. Epreuve superbe avec les travaux en manière noire, à grande marge.

906. La même estampe, édition Basan.

907. **La poupée demandée.** B. 16. Très belle et ancienne épreuve avec la bordure au burin, avec de la marge.

908. La même estampe. Très belle épreuve du même état, à grande marge.

909. La même estampe, édition Basan.

910. **L'école.** B. 17. Belle et ancienne épreuve avec la bordure renforcée, mais le bras droit du magister se détache moins du fauteuil, avant les retouches dans le fond et avant les travaux en manière noire.

911. La même estampe. Belle épreuve avec les travaux à la manière noire, mais avant les retouches dans le fond.

912. La même estampe. Epreuve avec ces retouches.

913. La même estampe, édition Basan.

914. **Le coup de couteau.** B. 18. Ancienne et superbe épreuve, les ombres très transparentes, avant les retouches en manière noire et avant les contours renforcés au burin. Très rare.

915. La même estampe. Superbe épreuve avec les retouches en manière noire.

916. La même estampe. Belle épreuve du même état.

917. La même estampe, édition Basan.

918. **Les harangueurs** ou les ménestrels de Haarlem. B. 19. Belle et ancienne épreuve avec le nom, mais avant les travaux en manière noire.

919. La même estampe. Très belle épreuve avec ces travaux, doublée et la marge du bas coupée.

920. La même estampe, édition Basan.

921. **Le gueux au dos courbé.** B. 20. Une contre-épreuve d'un état antérieur, avant plusieurs travaux ajoutés, par ex. avant les traces au burin en bas près de la bordure et avant que les contours du chapeau à droite et du soulier au pied gauche aient été terminés; un peu rognée, on ne voit pas la bordure.

922. La même estampe. Très belle épreuve avec la bordure au burin et les travaux ajoutés.

923. La même estampe, édition Basan.

924. **Gueux debout** les mains derrière le dos. B. 21. Epreuve superbe à l'eau-forte pure avant la bordure et beaucoup de travaux, et avant que le contour du bonnet en haut ait été terminé. Extrêmement rare.

925. La même estampe. Epreuve avec la bordure, le contour du bonnet terminé, avec les petits travaux semblables à la manière noire principalement visibles à droite des deux souliers et à la nuque du gueux.

926. La même estampe, édition Basan.

927. **Gueux enveloppé d'un manteau.** B. 22. Très fine et ancienne épreuve avec la bordure forte, mais avant que les contours du chapeau en haut et du mollet de la jambe droite en quelques parties aient été réunis par des fines lignes à la pointe sèche, et avant les travaux semblables à la manière noire principalement visibles sur l'épaule droite et dans les ombres portées par les pieds. Très rare.

928. La même estampe. Epreuve avec ces travaux, les contours réunis; un peu tachetée.

929. La même estampe, édition Basan.

930. 3 pièces sur une même feuille, savoir B. 20, état comme No. 922, B. 21, état comme n. 925, B. 22, état comme n. 928.

931. **La grange.** B. 23. Epreuve magnifique avec le nom, mais avec la faible bordure et avant beaucoup de travaux, par ex. avant les contretailles sur la plupart des poutres en haut. Coll. Brooke. Extrêmement rare.

932. La même estampe. Très belle épreuve du même état; les coins inférieurs defectueux, les coins supérieurs un peu restaurés.

933. La même estampe. Epreuve superbe avec la bordure au burin, la place blanche au dos de la femme encore très raboteuse, avant les travaux au burin le long du côté gauche de l'estampe.

934. La même estampe. Très belle épreuve avec ces travaux, la place au dos de la femme encore raboteuse et blanche.

935. La même estampe. Très belle épreuve avec les travaux à la pointe sèche à la place ci-devant blanche au dos de la femme; une petite déchirure en haut à gauche restaurée.

936. La même estampe, édition Basan.

937. **Homme et femme marchant ensemble** ou les mendians. B. 24. Très belle épreuve avec la bordure renforcée, les ombres pleines de couleur, les traces de la planche distinctement visibles, principalement entre le bonnet de l'homme et la coiffe de la femme et à droite de l'épaule gauche de l'homme; avec marges.

938. La même estampe. Belle épreuve; dans les ombres on aperçoit les travaux au burin, les traces ci-devant mentionnées sont encore visibles.

939. La même estampe, les ombres encore plus maigres, et les travaux au burin plus visibles; lavée à l'encre de Chine.

940. La même estampe, la planche nettoyée, les traces ne sont plus visibles, à grande marge.

941. La même estampe, édition Basan.

942. **Le fumeur et le buveur.** B. 24. A. Epreuve avec la faible bordure, d'un ton très clair, le pied droit du fumeur se détache peu du fond, avant les travaux en manière noire et le renforcement des contours de la poutre à la gauche en haut etc., à grande marge.

943. La même estampe. Epreuve avec la faible bordure, avec les travaux ci-devant mentionnés, mais avant beaucoup de retouches principalement dans le fond.

944. La même estampe. Epreuve au fond noir, la bordure forte, beaucoup de travaux ajoutés.

945. La même estampe, édition Basan.

946. **La dévideuse à la porte de la maison.** B. 25. Superbe épreuve avec la bordure renforcée, mais avant les travaux à la manière noire principalement visibles dans les ombres du poullaillier, de l'ouverture de la porte, de la fenêtre au-dessus de la porte etc., les travaux à la pointe sèche avec des barbes.

947. La même estampe. Très belle épreuve avec les travaux à la manière noire, à grande marge.

948. La même estampe, édition Basan.

949. **Les pêcheurs.** B. 26. Epreuve magnifique avec le nom et avec la bordure faible. Coll. Brooke. Extrêmement rare.

950. La même estampe. Belle épreuve du même état avec plus d'un pouce de marge.

951. La même estampe. Epreuve avec la bordure au burin, pas plus travaillée, avec quelques petites taches jaunâtres.

952. La même estampe, édition Basan.

953. **Le savetier.** B. 27. Superbe épreuve avec la bordure forte, avant la continuation des feuilles de vigne à droite et avec les traces du brunissoir dans la marge du bas; à grande marge.

954. La même estampe, édition Basan.

955. **Trois figures grotesques.** B. 28. Epreuve superbe avant la bordure, presque à l'eau-forte pure. Extrêmement rare.

956. La même estampe. Très belle épreuve avec la bordure, plus travaillée, mais avant les travaux semblables à la manière noire, rognée en haut de 12 millimètres.

957. La même estampe, avec la bordure et les travaux à la manière noire, à grande marge.

958. La même estampe, édition Basan.

959. **Le marchand de lunettes.** B. 29. Epreuve superbe avec la faible bordure et les travaux à la pointe sèche, avec une petite marge. Coll. W. Esdaile et Brooke. Extrêmement rare.

960. La même estampe. Très belle épreuve avec la bordure renforcée, pas plus travaillée, avec une petite marge.

961. La même estampe. Très belle épreuve avec la bordure renforcée et avec les travaux semblables à la manière noire, à grande marge.

962. La même estampe. Ancienne épreuve, retouchée de nouveau.

963. La même estampe, édition Basan.

964. **La chanteuse** ou le petit concert. B. 30. Superbe épreuve avec le fond noir, les planches et la bordure forte, mais la porte se détache peu du fond, avec le bonnet plus ombré, avant les petites contretailles sur la poche de la chanteuse et au-dessous d'elle, et avant les travaux semblables à la manière noire; le coin supérieur gauche restauré.

965. La même estampe. Très belle épreuve, le bonnet plus claire, avec les travaux en manière noire, mais avant

beaucoup de travaux au fond à la gauche de la porte ouverte, dans la porte ouverte, à droite de la jambe droite et de la jambe gauche de l'homme qui tient le verre etc.

966. La même estampe. Belle épreuve avec ces travaux.

967. La même estampe, épreuve du même état, imprimée en rouge.

968. La même estampe, édition Basan.

969. **La fileuse.** B. 31. Epreuve magnifique avec la bordure renforcée, mais avant beaucoup de travaux, par exemple sur les poutres à la droite d'en bas, sur les marches de l'escalier au milieu en bas, dans les ouvertures de l'étable etc., et avant que la ligne inférieure de la planche de bois qu'on voit entre le cochon assis et le mur, n'ait été réunie par des petits traits à la pointe sèche. Manquent malheureusement en bas 4 millimètres (papier à la grande folie). Coll. Brooke. Extrêmement rare.

970. La même estampe. Très belle épreuve, avec la ligne de la planche réunie, les travaux ci-devant mentionnés ajoutés, mais avant les travaux semblables à la manière noire dans les ombres, principalement dans les ouvertures de l'étable (papier à la folie).

971. La même estampe. Très belle épreuve avec ces travaux.

972. La même estampe, édition Basan.

973. **Le peintre.** B. 32. Epreuve superbe d'un ton pittoresque, avec le banc au lieu du tonneau, mais avant la bordure au burin, avant la lettre dans la marge d'en bas, avant les tailles horizontales sur le tableau et beaucoup d'autres travaux, avec le bonnet élevé (papier à la couronne de laurier). Une part de la marge du bas coupée. Extrêmement rare.

974. La même estampe. Très belle épreuve avec le bonnet élevé, mais avec la bordure au burin, les vers et les tailles horizontales sur le tableau, avant beaucoup de travaux sur presque toutes les parties ombrées et avant que la bandelette dépendant de la culotte du peintre n'ait été changée. Extrêmement rare.

975. La même estampe. Très belle épreuve, le bonnet moins élevé, la bandelette changée, mais avant l'excudit, signée au verso: P. Mariette 1670. Très rare.

976. La même estampe. Bonne épreuve avec l'excudit et avec les travaux semblables à la manière noire; à grande marge.

977. La même estampe, édition Basan.

978. **Le père de famille.** B. 33. Epreuve superbe avec la bordure forte, mais tous les travaux à la pointe sèche très visibles.

979. La même estampe. Belle et ancienne épreuve du même état, à grande marge.

980. La même estampe, les travaux à la pointe sèche disparus.

981. La même estampe, édition Basan.

982. **Le bénédicité.** B. 34. Epreuve superbe, la tête du paysan découverte sans la calotte, avant que les bûches à la droite du foyer n'aient été séparées par des traces fortes de burin, et avant que toutes les parties ombrées de l'échelle inférieure n'aient été couvertes à la gauche par des contretailles très serrées. Coll. W. Esdaile. Extrêmement rare.

983. La même estampe. Très belle épreuve, la tête du paysan découverte, mais les travaux ci-devant mentionnés ajoutés. Extrêmement rare.

984. La même estampe. Très belle épreuve avec la calotte, mais avant les marques du grattoir et du brunissoir autour de la tête du paysan, aussi avant les troisièmes tailles sur la partie reflétée du fond, entre la seconde échelle et le manteau de la cheminée. Sans marge.

985. La même estampe. Très belle épreuve, la partie blanche autour de la tête du paysan est couverte de tailles, dans le fond des travaux sont ajoutés; avec de la marge.

986. La même estampe, édition Basan.

987. **L'épouilleuse.** B. 35. Très belle et ancienne épreuve, mais avec un précipité blanc, à droite et à gauche en haut des petites déchirures. Très rare.

988. **L'émouleur.** B. 36. Belle et ancienne épreuve, avec la faible bordure, à grande marge. Très rare.

989. La même estampe, édition Basan.

990. **L'homme conversant avec la femme.** B. 37. Epreuve superbe avec la faible bordure, avant que les contours du chapeau en haut, du manteau et de la jambe droite de l'homme à droite n'aient été indiqués et avant le contour entre le manteau et le pantalon sur la jambe gauche de l'homme. Extrêmement rare.

991. La même estampe. Epreuve superbe avec la bordure faible, avant les contours du chapeau en haut, du manteau et de la jambe à droite, mais avec le contour entre le manteau et le pantalon sur la jambe gauche de l'homme; avec une petite marge. Extrêmement rare.

992. La même estampe. Très belle épreuve avec la bordure faible et avec les contours ci-devant mentionnés; à grande marge.

993. La même estampe, édition Basan.

994. **Les musiciens ambulans.** B. 38. Epreuve superbe avec la bordure très faible, les travaux à la pointe sèche très visibles.

995. La même estampe. Très belle épreuve avec une bordure plus forte, avant les travaux très fins à la pointe sèche, semblables à la manière noire, dans les ombres, travaux principalement visibles sur la jambe droite du grand musicien, sur celle du petit musicien, sur les jambes de l'homme assis etc.

996. La même estampe. Très belle épreuve avec les travaux semblables à la manière noire, à grande marge.

997. La même estampe. Epreuve retouchée de nouveau dans les ombres de la porte, de la fenêtre au-dessus de la porte etc.; avec de la marge.

998. La même estampe, édition Basan.

999. **Le trictrac.** B. 39. Epreuve superbe avec la bordure au burin, mais avant les travaux semblables à la manière noire; la planche très sale.

1000. La même estampe. Epreuve avec ces travaux, à grande marge.

1001. La même estampe, édition Basan.

1002. **Les deux commères.** B. 40. Très belle et ancienne épreuve avec la bordure au burin, mais avant le trait échappé sur le bras gauche de la vieille qui est à droite, pleine de traces du grattoir.

1003. La même estampe. Belle et ancienne épreuve, avant le trait échappé mentionné au-dessus, à grande marge.

1004. La même estampe. Belle épreuve avec le trait échappé. Coll. Robert-Dumesnil.

1005. La même estampe, édition Basan.

1006. **Le charcutier.** B. 41. Epreuve superbe avec une toute faible bordure, le ciel n'est ombré que partiellement, avant tous les travaux au burin. Presque unique.

1007. La même estampe. Epreuve superbe avec la bordure au burin, avec les larges effets de lumière sur le chapeau, le bras droit, le corps et la jambe droite de l'homme à gauche; avec quelque marge autour du rond. Extrêmement rare.

1008. La même estampe. Epreuve superbe, les ombres sur le chapeau, le bras, le corps et la jambe droite plus larges, les travaux de la pointe sèche très visibles, avant les contretailles gravées au burin sur le soutien de la treille à gauche; la marge, coupée autour du rond.

1009. La même estampe. Très belle épreuve du même état, avec de la marge.

1010. La même estampe. Très belle épreuve avant les contretailles sur le soutien de la treille, mais tous les contours des figures, du tonneau, du panier et les ombres au dos du cochon, de l'homme tuant le cochon et sur le devant à droite sont retouchés au burin; avec de la marge.

1011. La même estampe. Très belle épreuve avec les contretailles sur le soutien de la treille.

1012. La même estampe, édition Basan.

1013. **Le paysan payant son écot.** B. 42. Epreuve superbe avec la bordure au burin, mais avant le trait au burin représentant les pincettes à la main droite de l'homme assis à la cheminée, avant un autre instrument de fer gravé au burin qui pend immédiatement au-dessous du manteau de la cheminée, et avant que la planche, sur laquelle les pots et les livres sont placés, n'ait été éclaircie. Très rare.

1014. La même estampe. Très belle épreuve du même état avant les deux instrumens gravés au burin; doublée sans être endommagée. Très rare.

1015. La même estampe. Très belle épreuve avec les deux instrumens gravés au burin et avec la planche éclaircie, mais avant les travaux semblables à la manière noire et avant beaucoup d'autres travaux au burin, p. ex. au-dessous du manteau de la cheminée, dans le fond au-dessous du plafond de la chambre etc.

1016. La même estampe. Très belle épreuve avec les travaux mentionnés et avec les travaux semblables à la manière noire; à grande marge.

1017. La même estampe, édition Basan.

1018. **Le charlatan.** B. 43. Epreuve infiniment rare avec un homme, un garçon et une maison au lieu des quatre enfans à gauche, avant toute bordure et les nuages, et avant beaucoup d'autres travaux, avec marge, très légèrement tachetée.

1019. La même estampe. Epreuve superbe avec la bordure et les nuages, avec le groupe d'enfans à gauche, avant les travaux semblables à la manière noire, les travaux à la pointe sèche très visibles, sans marge.

1020. La même estampe. Très belle épreuve avec les travaux en manière noire dans les ombres, les travaux à la pointe sèche encore visibles; avec quelque marge.

1021. La même estampe. Epreuve retouchée entièrement dans l'arbre, au-dessous de la tente, dans le pignon de la maison à droite en haut etc.; sans marge.

1022. La même estampe, édition Basan.

1023. **Le joueur de violon bossu.** B. 44. Epreuve superbe avec la bordure, les ombres très transparentes et vigoureuses.

1024. La même estampe. Très belle épreuve du même état, avec de la marge.

1025. La même estampe. Très belle épreuve avec les travaux semblables à la manière noire; à grande marge.

1026. La même estampe, édition Basan.

1027. **Le violon et le petit vielleur.** B. 45. Epreuve superbe avec la bordure renforcée, mais avant les lignes serrées horizontales sur la tour à droite et avant beaucoup d'autres travaux, p. ex. avant les contretailles diagonales sur le chapeau, le corps et les jambes du paysan assis près de la porte de la maison à gauche, sur le terrain au-dessus du tonneau, avant les travaux au burin sur l'avant-toit de la maison à gauche, sur la partie gauche du banc et de la femme assise sur le banc etc., avec une petite marge. Très rare.

1028. La même estampe. Très belle épreuve avant les lignes horizontales sur la tour à droite, avec les tailles sur le chapeau et le corps du paysan assis à gauche, sur le terrain au-dessus du tonneau etc., mais avant les traces perpendiculaires sur le corps de l'homme assis à gauche et avant la retouche du bonnet de l'homme debout à la gauche de l'arbre. Coll. Robert-Dumesnil.

1029. La même estampe. Belle épreuve avec les lignes horizontales sur la tour à droite.

1030. La même estampe, édition Basan.

1031. **La famille** ou le menage villageois. B. 46. Epreuve superbe avec la bordure au burin, mais avant que le contour droit de la hache suspendue à la muraille et le contour gauche de la petite cuiller n'aient été réunis, avant que le contour du chapeau à la droite n'ait été exprimé par une trace de burin, avant les contretailles au burin sur le jambon qui est le second de la droite, et avant les doubles contretailles sur la partie droite et inférieure gauche de la porte ouverte à gauche, avec une petite marge.

1032. La même estampe. Très belle épreuve du même état.

1033. La même estampe. Epreuve superbe, les contours de la hache et de la cuiller sont réunis et ces places sont pleines de barbes, le contour du chapeau est tracé au burin, avec les contretailles sur le second jambon et les doubles contretailles dans la porte ouverte pas encore ébarbées, mais avant les très petites contretailles sur la gauche de l'échelle en haut et avant les tailles serrées perpendiculaires dans le coin gauche inférieure.

1034. La même estampe. Ancienne épreuve du même état, les contretailles dans la porte ouverte ébarbées (papier à la folie), avec marge.

1035. La même estampe. Très belle épreuve, les travaux ci-devant mentionnés ajoutés.

1036. La même estampe, édition Basan.

1037. **La fête sous la treille.** B. 47. Epreuve superbe avant la bordure renforcée, avant les contretailles sur le pignon de la maison au fond, sur la porte ouverte à gauche et avant beaucoup de travaux au burin. Extrêmement rare.

1038. La même estampe. Belle épreuve du même état.

1039. La même estampe. Belle épreuve avec la bordure renforcée, mais avant les contretailles sur le pignon de la maison au fond, avant les travaux ajoutés sur le toit de la maison à gauche, dans la porte ouverte, dans la fenêtre en haut, dans le petit avant-toit etc., et avant les contours des lattes de la treille renforcés et réunis.

1040. La même estampe. Très belle épreuve avec les contretailles sur le pignon de la maison, avec beaucoup de travaux au burin ajoutés sur toute la feuille, les contours des lattes de la treille renforcés et réunis, mais avant les travaux semblables à la manière noire (papier à la folie); avec une petite marge.

1041. La même estampe. Très belle épreuve avec les petits travaux semblables à la manière noire.

1042. La même estampe, édition Basan.

1043. **La fête sous le grande arbre.** B. 48. Belle et ancienne épreuve.

1044. La même estampe. Très belle et ancienne épreuve. Coll. Robert-Dumesnil.

1045. La même estampe, édition Basan.

1046. **La danse au cabaret.** B. 49. Epreuve magnifique d'une rare beauté, avec la faible bordure, avant beaucoup de travaux, et avant que les bords de la planche n'aient été nettoyés; avec marge. Coll. Brooke. Infiniment rare.

1047. La même estampe. Très belle épreuve du même état, mais le bord nettoyé. Coupée jusqu'à la bordure.

1048. La même estampe. Très belle épreuve avec la bordure renforcée et la retouche au burin.

1049. La même estampe, édition Basan.

1050. **Le goûter.** B. 50. Admirable épreuve avant la lettre dans la marge d'en bas, avec la bordure faible et irregulière, avant les contretailles sur la partie droite de la porte de la cave, sur le coussin de siège de l'homme debout qui a le verre à la main, sur le ciel et les ailes de l'ange dans le tableau, avant les tailles diagonales sur les crins du barbichon à droite de la femme etc., presque à l'eau-forte pure (marque du papier: un aigle dans une couronne), d'une conservation parfaite, à grande marge, provenant des collections Revil, Debois, Brooke. Infiniment rare.

1051. La même estampe. Très belle épreuve avec la bordure au burin et la lettre, mais avant les retouches au burin sur le bonnet de la petite fille qui boit, sur la jambe gauche du petit garçon à gauche, sur le bras gauche de l'homme assis, avant les doubles contretailles sur le coussin de siège de l'homme, le verre à la main, et avant tous les travaux au burin perpendiculaires dans les ombres des figures à gauche, sur le chapeau posé au-dessus de la corbeille, sur la corbeille, sur le pot à droite etc. Très rare.

1052. La même estampe. Epreuve superbe avec ces travaux, mais avant beaucoup de travaux plus tard ajoutés entre les deux poutres en haut etc.

1053. La même estampe. Très belle épreuve du même état.

1054. La même estampe, édition Basan.

1055. **L'auberge.** Bartsch II p. 384. Weig. suppl. p. 65 e). Epreuve superbe, provenant de la collection Robert-Dumesnil.

1056. **L'homme qui pisse.** Weig. p. 64 b). Bonne épreuve.

1057. La même estampe, édition Basan.

BONAVENTURE PETERS.

1058. **Petite marine,** à gauche une forteresse sur une montagne et un village avec une église, à droite un vaisseau agité par les vents, au milieu du bas: B. Peeters fe. Epreuve à grande marge d'une pièce non décrite. Très rare.

1059. **Petite marine,** à droite une haute montagne couronnée d'une forteresse, vers le devant à gauche une barque à voile, à terre sur le rivage: B. P. Pièce décrite dans le catalogue Rigal p. 473 n. 936. Epreuve à grande marge. Très rare.

1060. **Petite marine,** à droite une batterie ronde armée de canons, à gauche une barque à pleine voile et une forteresse sur une montagne, au bas à gauche: B. P. Pièce décrite par Brulliot dictionn. des monogramm. II p. 35 n. 278. Epreuve à grande marge. Très rare.

1061. **Petite marine,** au milieu dans la mer un rocher surmonté d'une forteresse, à gauche un rocher sec, à droite une barque à voile, dans la marge à droite B. P. in. Epreuve à grande marge. Très rare.

PLOOS VAN AMSTEL.

1062. **L'oeuvre complet du maître,** formant une collection de 46 imitations de dessins des principaux maîtres hollandais et flamands. Cet exemplaire est de la première édition, toutes les épreuves sont exquises et ont été choisies par Ploos van Amstel lui-même pour son épouse, témoin la dédicace autographe sur le titre et sur chaque pièce: Dit werk zynde alle de uitgezogste drukken geofreerd aan Myne Lieve Huysvrouw Juffrouw Margareta Soumans etc. Ploos van Amstel 1792. Extrêmement rare. — Les 46 f. seront vendues ensemble, avec le portefeuille.

HENRI POLA.

1063. **Mercure et Argus,** Mercure jouant de la flûte, Argus dormant, dans le fond à droite Jou transformée en vache. H. Pola in. et Fecit. Très belle épreuve d'une pièce rare.

PAUL PONTIUS.

1064. **Le roi boit,** d'après Jordaens. Epreuve magnifique avant toutes lettres. Extrêmement rare, presque unique (probablement l'exemplaire de van der Dussen).

1065. **Le portrait de Rubens.** Bas. 48. Admirable épreuve du buste seul, dans un ovale, avant la lettre et avant toute la bordure. D'une rareté extrême, presque unique. Voir Basan catalogue de l'oeuvre de Rubens p. 143, où il dit: „Mr. Mariette a dans son oeuvre une épreuve du buste seul dans un ovale.“ Le papier au dehors de l'ovale un peu sale.

1066. **Le marquis de Castel Rodrigo** d'après Rubens. Bas. 62. Epreuve d'essai avant toutes lettres (ces dernières écrites à l'encre), les enfans à chaque côté du haut seulement indiqués au trait, retouchée au pinceau de la propre main de Rubens. Unique. Voir le numéro suivant.

1067. **Le marquis de Castel Rodrigo,** gouverneur des Pays-Bas, d'après Rubens. Bas. 63. Epreuve d'essai avant toutes lettres, retouchée au pinceau de la propre main de Rubens. Unique. Voir Basan catalogue de Rubens p. 148: „Mr. Mariette en (n. 62. 63) a des épreuves dans son oeuvre, qui sont retouchées de la propre main de Rubens.“

1068. **Une dame espagnole** (la mère de Marquis de Castel-Rodrigo), d'après Rubens. Bas. 64. Epreuve d'essai, retouchée au pinceau de la propre main de Rubens. Unique. Voir le numéro précédent.

1069. **Portrait de Jacques Roelans** à genoux, il est assis et tourné vers la gauche. Epreuve superbe d'une pièce capitale.

1070. **Portrait du même,** il est assis et tourné vers la droite, d'après Willebors. Epreuve superbe.

1071. 2 F. **Portrait de Henri Meurs d'Amsterdam,** maître d'écriture, d'après Codden. Epreuve d'essai, le buste seul avant les lettres et avant toute la bordure, de plus une épreuve avec la bordure et la lettre; la première unique.

1072. **Johannes de Heem,** Ultrajectensis, d'après Lievens. Claussin suppl. append. n. 96. Epreuve superbe du premier état, avec l'adresse de M. van den Enden.

Quant aux portraits gravés par Pontius d'après van Dyck voir van Dyck.

PAUL POTTER.

1073. 8 F. **Différens boeufs et vaches.** B. 1—8. Belle et rare suite du vrai II^d^ état, avec l'adresse de Clement de Jonghe.

1074. 5 F. de la même suite. B. 1. 2. 6. 7. 8. Belles épreuves du même état, les n. 1. 2. 6 un peu endommagés.

1075. **Les deux vaches** vues par derrière, n. 8 de la même suite. B. 8. Belle épreuve du même état.

1076. 5 F. **Différens chevaux.** B. 9—13. Suite superbe et extrêmement rare, d'une conservation parfaite, provenant de la collection J. Barnard.

1077. 5 F. La même suite. Epreuves superbes, parfaites de conservation, avec marges. Extrêmement rares.

1078. **Le cheval de la Friese.** B. 9. Epreuve superbe, à grande marge.

1079. **Le cheval hennissant.** B. 10. Epreuve superbe, à grande marge, tachetée.

1080. **Les chevaux de charrue.** B. 12. Superbe épreuve, avec de la marge.

1081. **La mazette.** B. 13. Epreuve superbe avec marge.

1082. **Le vacher.** B. 14. Epreuve de la planche coupée, mais avant l'adresse, belle et très rare, avec marges.

1083. La même estampe. Epreuve avec l'adresse de de Wit, avant celle de Schenk, belle et rare, avec marges.

1084. 7 F. **La tête de vache.** B. 16. Très belle épreuve de l'original, avec quelques petites taches jaunâtres, de plus six copies. D'une rareté extrême.

PAUL REMBRANDT.

L'oeuvre riche et extrêmement beau de Rembrandt et de son école sera vendu à part.

ROLAND ET GERTRUDE ROGHMAN.

1085. 8 F. **Vues de Hollande.** B. 17—24. Suite complète, épreuves avec l'adresse de Cl. de Jonghe, superbes d'impression et tout-à-fait égales, avec marges. Très rare.

1085.bis 14 F. **Plaisante Lantschappen** oste vermakelijcke Gesichten na t'Leven geteekent door Rooland Roghman en gedruckt by J. C. Visscher. Bartsch IV p. 36 n. 1—14. Suite complète, épreuves superbes d'une conservation parfaite, avec marges.

PIERRE PAUL RUBENS.

1086. **Portrait d'un ministre anglais.** P. P. Rubens F. Bas. 86. Très belle épreuve.

1087. **Sainte Catherine,** une palme à la main droite, debout sur les nues. P. Paul Rubens fecit. Bas. 15. „Elle a été dessinée pour être exécutée en plafond.“ Epreuve magnifique de cette pièce capitale.

JACQUES RUISDAEL.

1088. **Le petit pont.** B. 1. Epreuve magnifique et parfaite de conservation du premier état, presque unique, avant le ciel et avant beaucoup de travaux, provenant des collections van Leyden, Fries, Verstolk.

1089. **Le champ bordé d'arbres.** B. 5. Epreuve magnifique d'un tout premier état, presque unique, avant le nom (qui est écrit avec de l'encre), avant l'adresse, avant la bordure renforcée au burin et avant les ombres serrées au tronc de chêne, parfaite de conservation, avec de la marge. Collection Brooke.

JEAN SAENREDAM.

1090. **Portrait de Charles van Mander.** B. 101. Très belle épreuve. Coupée, mais la bordure visible.

CORNEILLE SAFTLEVEN.

1091. 5 F. **Les cinq sens** représentés par des figures grotesques. M. Pool ex. (cette adresse est grattée sur l'estampe). Raré. Voir Weigel Kunstcatal. n. 9123.

1092. 10 F. **Différens animaux,** avec l'adresse de C. Pickenbagen. Coll. J. Barnard. Epreuves chiffonnées. Très rares.

HERMAN SAFTLEVEN.

1093. **Portrait du maitre.** B. 1. Epreuve avec la lettre, mais avant beaucoup de travaux dans le fond, sur le manteau etc., le monogramme à droite en haut écrit avec de l'encre. Très rare.

1094. **Le pays montueux.** B. 17. Très belle épreuve. Très rare.

1095. **Le paysage à la grande rivière.** B. 18. Belle épreuve de cette jolie pièce. Très rare.

1096. **Le laboureur.** B. 19. De même.

1097. **Les deux bâteaux.** B. 20. Très belle épreuve.

1098. **La maison au bas du rocher.** B. 21. Très belle épreuve.

1099. **La porte de femmes blanches.** B. 29. Belle épreuve avec les nuages.

1100. **Le chevrier** appuyé sur son bâton et la femme assise à terre, au fond trois chaumières, au milieu du ciel sur une banderole: H. S. L. excudit. Pièce attribuée à juste *titre au maître*, *décrite dans* le catalogue Rigal p. 324 n. 37. Voir Weigel suppl. p. 35. *)

1101. **Les deux hommes** marchant vers les habitations champêtres entourées d'arbres et de broussailles. Sans marque. Pièce décrite dans le catalogue Rigal p. 325 n. 38.

1102. **Les deux cavaliers** en manteau dans un paysage au fond duquel on voit un groupe de chaumières entourées de bois. Sans marque. Pièce décrite dans le catalogue Rigal p. 325 n. 39.

ROELAND SAVERY.

1103. **Petit paysage** avec un groupe d'arbres dont les racines sont découvertes, au fond à la gauche deux paysans, une femme et un chien; à gauche en bas: R. Sav. fec. Très belle épreuve d'une pièce très rare, décrite dans le catalogue Aretin n. 3957. Coll. Josi et W. Esdaile.

1104. **Grand paysage**, à droite un chevrier et trois chèvres. Marco Sadeler excudit. Pièce sans nom, mais attribuée à juste titre au *maître*, voir *catal.* Winckler n. 5245. Très belle épreuve avec l'adresse de Marc. Sadeler. Coll. Josi et W. Esdaile.

GODEFROY SCHALKEN.

1105. **Portrait de G. Dow.** Très belle épreuve, avec marges.

---

*) Cette estampe ne porte pas le millésime et les deux suivantes ne portent pas le nom.

ADRIEN SCHOONEBECK.

1106. **Soldat lisant la gazette**, en bas à droite: A. Schoonebeck. Gravure en manière noire. Nagler 2. Très belle épreuve, avec marge. Rare.

ADAM SILO.

1107. 6 F. **Six marines** où l'on voit des navires et diverses embarcations. Catal. Rigal p. 476. Nagler 1—6. Suite complète. Epreuves superbes, mais rognées. Extrêmement rares.

1108. **Marine** avec cinq matelots dans une barque à droite, n. 2 de la suite précédente. Voir Weigel Kunstcatal. n. 5487. Très belle épreuve, un peu tachetée. Très rare.

1109. **Marine** avec trois matelots dans une barque à droite, n. 3 de la même suite. Weigel Kunstcatal. n. 5488. Très belle épreuve, avec marges. Très rare.

1110. **Marine** avec un moulin à vent à droite, n. 4 de la même suite. Weigel n. 5489. Très belle épreuve, avec marges. Très rare.

1111. **Marine** avec des pêcheurs à droite, n. 6 de la même suite. Weigel n. 5490. Très belle épreuve, avec marges. Très rare.

1112. **Marine** représentant une bourasque, à droite un vaisseau se brisant contre un rocher, à gauche une tour carrée. Nagler n. 9. Weigel Kunstcatal. n. 5491. Epreuve à l'eau-forte pure, la planche pas encore nettoyée, avant le nom du maître, à grande marge. Extrêmement rare, probablement unique.

JEAN SMEES.

1113. **Les maisons** situées sur le bord d'une rivière traversée d'un pont à deux arcs. B. 2. Très belle épreuve. Coll. Six.

1114. **Le rocher escarpé** surmonté des ruines d'un château. B. 3. De même.

1115. **La cascade et le berger qui dort.** B. 4. Belle et ancienne épreuve. Coll. Six.

1116. **Les fabriques ruinées** près d'un ruisseau, qu'un homme passe à gué en faisant marcher un boeuf devant lui. B. 5. Belle et ancienne épreuve. Coll. Six.

ADRIEN VAN STALBENT.

1117. **Paysage** avec une église en ruines, à gauche dans le fond un village, sur le devant trois hommes et un troupeau de moutons avec un chien, dans la marge à gauche: Adrianus van Stalbant fec. in aqua forti. Belle pièce et très rare, très belle épreuve du premier état,*) parfaite de conservation.

THIERRY VAN STAAR.

1118. **Jésus Christ appelant à lui S. Pierre et S. André.** B. 3. Très belle épreuve de cette pièce rare, sans marge.

1119. **Jésus Christ tenté par le démon.** B. 5. Epreuve magnifique. Très rare.

1120. **Jésus Christ et la Samaritaine.** B. 6. Belle épreuve.

IGNACE VAN DER STOCK.

1121. **Paysage** avec un grand arbre au milieu. Fouquier pinxit. Ignatius van der Stock sculpsit. Très belle épreuve d'une pièce très rare.

THÉODORE STOOP.

1122. 12 F. **Différens chevaux.** B. 1—12. Suite complète. Très belles épreuves avec l'adresse de Clement de Jonghe, avant les numéros.

1123. 7 F. **Le voyage de Catherine,** infante du Portugal, allant épouser Charles II, roi de la grande Bretagne. Suite de sept estampes. B. 13 – 19. Suite excellente et superbe d'épreuves, parfaite de conservation. D'une rareté extrême. Bartsch: „elles sont si rares qu'on n'en trouve

---

*) Il en existe un état postérieur où toute la planche a été retouchée au burin.

dans les plus grandes collections que des pièces détachées.“ A la vente publique de la collection de Baron Verstolk cette précieuse suite a été payée de 550 florins et les frais de 7½ p. 100.

1124. **Combat de cavalerie,** à droite une maison, au milieu une croix, dans le fond à gauche un moulin à vent, au milieu en haut l'inscription: Don Cantelmo tot Burgerhout by Antwerpen geslagen anno 1643. Pièce rare, probablement par Stoop. Voir Weigel supplém. p. 166 b). Avec un pli.

JONAS SUYDERHOEF.

1126. **Portrait de Henri Goltzius** dans une riche bordure. Epreuve magnifique avec l'adresse de Soutman, signée: Wille 1764.

1127. **Portrait de Maximilien,** archiduc d'Autriche, d'après Rubens. Bas. 4. Epreuve magnifique.

1128. **Joannes dictus Intrepidus,** dux Burgundiae. P. Soutman effigiavit et excudit. J. Suyderhoff sculpsit. Epreuve superbe, signée: J. G. Wille 1764.

HERMAN SWANEVELT.

1129. 24 F. **Variae campestrium fantasiae.** Suite de vingt quatre estampes dans des formes ovales. B. 1—24. Suite complète, épreuves superbes, avec beaucoup de marge.

1130. 20 F. La même suite, manquent B. 10. 12. 13. 22. Très belles épreuves, avec marges.

1131. **Paysage avec des Satyres,** sur une planche ovale. B. 25. Belle épreuve sur du papier fort, avec marge. Extrêmement rare.

1132. 13 F. **Diverses vues de Rome,** dediées à Gédéon Tallement. Suite de treize pièces. B. 36—48. Suite complète, très belles épreuves du premier état avant l'adresse.

1133. 4 F. **Paysages ornés de Satyres.** Suite de quatre estampes. B. 49—52. Epreuves superbes du premier état avant l'adresse. Très rares.

1134. 4 F. La même suite. Très belles épreuves du premier état avant l'adresse, signées: F. Gawet 1782. Très rares.

1135. 13 F. **Diverses vues de Rome.** Suite de treize estampes. B. 53—65. Suite complète, superbe d'épreuves, du premier état avec l'adresse du maître.

1136. **Casa Rustico** for della porta del populo. B. 60. Premier état avec l'adresse du maître.

1137. **Vinnia Papa Julio** in via flaminia, B. 61. Premier état, avec marge.

1138. **Veduto del Zugro.** B. 62. Premier état, avec marge.

1139. **Altro veduto del Zugro.** B. 63. Premier état, avec marge.

1140. **Altro vedutin del Zugro.** B. 64. Premier état, avec marge.

1141. **La vue de Rome** (exécutée en compagnie avec Israël Silvestre). B. 76. Très belle et ancienne épreuve (audessous des trois lignes de l'inscription la marge est coupée). Très rare.

1142. **La fileuse et les quatre boeufs.** B. 78. Epreuve superbe avec l'adresse du maître.

1143. **Les deux cavaliers.** B. 79. Epreuve superbe avec l'adresse du maître, avec marge.

1144. 12 F. **Différens paysages** ornés de fabriques. Suite de douze estampes. B. 83—94. Suite complète. Très belles épreuves du premier état avec l'adresse du maître.

1145. **Les blanchisseuses.** B. 90. Très belle épreuve du premier état, avec marge.

1146. 4 F. **La fuite en Egypte** représentée de quatre différentes manières. B. 97—100. Très belles épreuves avec l'adresse du maître, avec marges.

1147. N. 2, de la même suite. B. 98. Premier état, à grande marge.

1148. N. 3. de la même suite. B. 99. Premier état.

1149. N. 4. de la même suite. B. 100. Premier état.

1150. 6 F. **L'histoire d'Adonis.** Suite de six estampes. B. 101—106. Suite complète, épreuves superbes du premier état avec l'adresse du maître, avec marges.

1151. **Balaam** monté sur son anesse. B. 111. Très belle épreuve avec l'adresse de K. Audran.

1152. **La haute montagne.** B. 113. Epreuve superbe du premier état avec l'adresse du maître. Coll. W. Esdaile.

1153. **Le bouquet d'arbres.** B. 115. Epreuve superbe du premier état avec l'adresse du maître, avec marge; en bas deux petits trous de vers.

MICHEL SWEERTS.

1154. **Portrait du maître.** B. 3. Epreuve superbe, parfaite de conservation.

DAVID TENIERS.

1155. **Le fête flammande,** composition de trente-quatre figures. D. Teniers fec. Abraham Teniers excudit. Rig. 1. Pièce capitale, très belle épreuve du premier état, avec la faible bordure et avant les travaux au burin. Coll. W. Esdaile. Très rare.

1156. **Vieillard à longue barbe,** vu a mi-corps, dirigé vers la droite. D. T. F. Rig. 10.

1157. **Intérieur de cuisine,** à gauche un boeuf ouvert et suspendu. D. T. inv. Rig. 14. Très belle épreuve.

1158. **Un cavalier** suivi d'un garçon et d'un levrier, donnant de l'argent à une vieille accompagnée de son enfant, en bas à gauche: D. T. Eau-forte décrite dans le catalogue Winckler n. 5776.

1159. **L'homme blessé** levant un emplâtre posé sur sa main droite, en haut à gauche en rebours: D. T. F. Nagl. 43. Voir Weig. Kunstcat. n. 5437.

MORCEAUX GRAVÉS D'APRÈS TENIERS PAR CORYN BOEL.

1160. **Paysan** tenant d'une main un pot, de l'autre un verre, derrière lui un autre paysan fumeur. D. Teniers in. et excud. cum privilegio. Coryn Boel f. Très belle épreuve avec beaucoup de marge.

1161. **Paysan** le visage tourné vers la droite, tenant des deux mains un grand pot. D. Teniers in. et excud. cum privilegio. Coryn Boel f. Très belle épreuve.

JEAN TOMAS VAN YPEREN.

1162. **Une femme** tenant de la main gauche un portrait qu'elle regarde, de l'autre une flèche, à gauche au fond une vieille. Johann Tomas in. Franc. van den Wyng. ex. Nagl. 3. Epreuve superbe. Très rare.

1163. **Le berger et la bergère.** Johann Tomas in. et fecit. Franc. van den Wyngaerde ex. Pièce décrite dans le catalogue Rigal p. 474. Nagler n. 4. Très belle épreuve. Très rare.

1164. **Le Satyre pressant la bergère.** Joa. Tomas in. et fecit. Fran. van den Wyngaerde ex. Pièce décrite par Basan dans le catalogue de l'oeuvre de Rubens, sujets de la fable n. 44. Nagler n. 5. Epreuve magnifique. Très rare.

LUCAS VAN UDEN.

1165. 12 F. **Différens paysages.** Suite de douze estampes. B. 1 – 12. Suite complète, uniforme, superbe d'épreuves et d'une conservation parfaite. Coll. Morand. Extrêmement rare.

1166. **Paysage.** B. 13. Belle épreuve avant le numéro. Rare.

1167. **Paysage.** B. 15. Belle et rare épreuve avant le numéro.

1168. **Paysage.** B. 16. Très belle et rare épreuve avant le numéro.

1169. **Paysage.** B. 17. Belle épreuve avec le numéro.

1170. **Paysage.** B. 19. De même.

1171. **Paysage.** B. 31. Belle épreuve.

1172. **Paysage.** B. 32. Belle épreuve avec l'adresse de Wyngaerde, le coin inférieur gauche restauré.

1173. **Grand paysage** avec la voiture versée. B. 48. Très belle épreuve avec l'adresse de Wyngaerde.

1174. **La fuite en Egypte.** B. 49. Belle épreuve avec l'adresse, mais avant des travaux après ajoutés; à gauche une petite tache jaunâtre.

1175. 2 F. **Edifice en feu**, et **vue d'une ville** à l'Italienne, d'après Titien. B. 51. 52.

1176. **Paysage avec cinq vaches.** B. 58. Epreuve superbe avec la lettre, mais avant beaucoup de travaux au burin, par ex. sur la pierre et les herbes à droite, sur l'habit de la femme à genoux, sur le bras droit et le corset de la femme debout (marque du papier: grand aigle à double tête). Très rare.

1177. La même estampe. Très belle épreuve avec les travaux au burin à la droite etc., parfaite de conservation, avec de la marge.

MOISE UYTENBROUCK.

1178. **Abraham renvoyant Agar.** B. 2. Premier état avant le ciel, l'adresse et le numéro.

1179. **L'ange consolant Agar.** B. 4. II^d^ état, avant le ciel, avant l'adresse, avec la montagne.

1180. **Abraham allant sacrifier son fils Isaac.** B. 9. II^d^ état, avec le millésime 1620, avant le numéro.

1181. 2 F. **Le jeune Tobie** effrayé à la vue d'un poisson monstrueux. B. 14. L'original avant le numéro, et la copie mentionnée par Bartsch avec l'adresse de J. C. Visscher.

1182. **Tobie** rendant la vue à son père. B. 16. avant le numéro.

1183. **Paysage rocheux**, belle pièce inconnue à Bartsch, mais décrite dans le catalogue Rigal p. 388 n. 61. Weig. 61. Très belle épreuve du Ier état, avec l'adresse de J. C. Visscher.

LOUIS DE VADDER.

1184. **Le grand arbre** au bord du chemin. B. 1. Epreuve superbe avec les figures, mais celles-ci faiblement indiquées à l'eau-forte pure avant la retouche au burin. Très rare.

1185. **Les chemins creux.** B. 2. Epreuve superbe du premier état, avant les figures, eau-forte pure. Extrêmement rare.

1186. **La maison entourée de buissons.** B. 3. Très belle épreuve avec la figure d'homme. Très rare.

1187. **La pièce d'eau.** B. 4. Epreuve superbe du premier état avant les canards. Extrêmement rare.

1188. **La colline surmontée d'arbres.** B. 6. Très belle épreuve avec les figures faiblement gravées à l'eau-forte pure. Très rare.

1189. **Le fauconnier.** B. 9. Epreuve avec l'adresse de Wyngaerde.

1190. **Le paysage à la pluie.** B. 11. Epreuve avec l'adresse de Wyngaerde, mais d'une rare beauté.

1191. La même estampe. Très belle épreuve du même état, légèrement tachetée.

ADRIEN VAN DE VELDE.

1192. 10 F. **Différents animaux.** B. 1—10. Suite complète. Anciennes et très belles épreuves avec l'adresse de Danckerts, parfaites de conservation. Très rare.

1192. bis 5 F. **Différens animaux.** Suite de six estampes. B. 11—16, manque B. 16. Epreuves superbes de ces chefs d'oeuvre, provenant de la collection Ooster. Extrêmement rares.

JEAN VAN DE VELDE.

1193. **Laurentius Costerus** Harlemensis. J. v. Campen pinxit. Epreuve superbe. Rare.

1194. **Johannes Boyardus** pastor ecclesiae Harlemensis, d'après Hals. D. v. Horenb. exc. Epreuve superbe.

1195. **Guilelmus Copallius**, primus sedis vacantis Harlemensis vicarius generalis. Epreuve superbe.

HENRI VERSCHURING.

1196. **Les voyageurs**, au bas de la droite: H. verschuring f. B. 2. Admirable épreuve d'une pièce extrêmement rare, la planche pas encore nettoyée, comme une eau-forte pure; parfaite de conservation.

CORNEILLE DE VISSCHER.

1197. **Les patineurs**, d'après Adrien van Ostade. Basan 23. Superbe épreuve avant la lettre, c'est-à-dire avant les noms d'Adrien van Ostade et de Visscher, parfaite de conservation. Extrêmement rare.

1198. **Joannes Wachtelaer** Ultrajectensis. Basan 9. Très belle épreuve de cette pièce capitale, le papier un peu sale.

LAMBERT DE VISSCHER.

1199. 2 F. **Leonard Golling** Raedsheer Thresawrier en Rood Bierbrawer tot Nürnberg, Schilder en Liefhebber der Schilderkonst. Très rare épreuve avant toute lettre, et une épreuve avec la lettre.

SIMON DE VLIEGER.

1200. **La forêt claire.** B. 3. Très belle épreuve d'une pièce ordinairement très faible, avec marge, provenant des collections Josi et Verstolk.

1201. La même estampe. Admirable épreuve d'une beauté parfaite, sur papier de Japon, avec marge. Extrêmement rare.

1202. **Le transport du bled.** B. 5. Ancienne et superbe épreuve.

1203. La même estampe. Bonne épreuve.

1204. **Le bois près du canal.** B. 6. Ancienne et très belle épreuve.

1205. La même estampe. Bonne épreuve.

1206. **La montagne verte.** B. 7. Ancienne et belle épreuve.

1207. **L'auberge.** B. 8. Très belle épreuve d'une pièce capitale.

1208. **Les pêcheurs** (avec la vue de Schévelingue). B. 10. Epreuve superbe d'une pièce fort rare, provenant de la collection Verstolk.

1209. La même estampe, collée et tachetée.

1210. **Le levrier et le chien courant.** B. 11. Ancienne et très belle épreuve (bordure faible).

1211. **Les deux levriers.** B. 12. Ancienne et très belle épreuve (bordure forte).

1212. La même estampe. De même, mais collée et tachetée.

1213. **Le cheval au pâturage.** B. 13. Ancienne et très belle épreuve (bordure faible).

1214. La même estampe. De même.

1215. **Le cheval de traineau.** B. 14. Ancienne et très belle épreuve (bordure faible).

1216. **Les pourceaux gras.** B. 16. Ancienne épreuve (bordure faible), sans marge et à droite en bas un peu endommagée.

1217. **Les oies.** B. 17. (bordure forte), un peu tachetée et déchirée.

1218. **Les dindes.** B. 18. (bordure au burin).

1219. **Les chèvres.** B. 19. Ancienne et très belle épreuve (bordure au burin), de petites restaurations dans le fond.

1220. La même estampe. Très belle épreuve, le papier sale.

JEAN GEORGE VAN VLIET VOIR REMBRANDT.

LUCAS VORSTERMAN.

1221. **Portrait de Charles de Longueval,** comte de Busquoy, d'après Rubens. Bas. 61. Pièce capitale, épreuve superbe avant toute lettre, celle-ci écrite avec de l'encre. De la plus grande rareté, presque unique.

1222. **Desiderius Erasmus** Rotterodamus. Hansus Holbenius pinxit. Epreuve superbe.

Quant aux portraits gravés par Vorsterman le vieux et le jeune d'après van Dyck voir van Dyck

CORNEILLE VROOM.

1223. **Paysage** orné de bois où l'on voit deux messagers de campagne causant ensemble, l'un à droite s'appuie sur son bâton, derrière l'autre à gauche son cheval sellé, entre le cheval et l'homme deux chiens. Dans la marge du bas: C. V. . . . le reste illisible. Pièce dans le genre de Ruisdael, décrite par F. de Bartsch le jeune: la collect. d'estamp. de la biblioth. impér. à Vienne p. 233 n. 2228. Extrêmement rare.

ANTOINE WATERLOO.

1224. **Le petit pont** de bois tortueux. B. 6., avant le numéro.

1225. **L'arrivée des voyageurs** à l'auberge. B. 8. Belle et ancienne épreuve (papier à la folie), sans marge et un peu tachetée.

1226. La même estampe. Belle et ancienne épreuve, à grande marge.

1227. **L'église de village.** B. 11. Belle et ancienne épreuve (papier à la folie), au milieu de l'estampe le papier très mince.

1228. **La tour carrée** près de l'eau. B. 12. Ancienne et belle épreuve avec un demi-pouce de marge, avec un pli et une tache.

1229. **Les quatre paysans** sur l'élevation de terre. B. 14. Ancienne et belle épreuve.

1230. La même estampe. De même et à grande marge.

1231. **Le chariot** sur le chemin de Schévelingue. B. 15. Belle et ancienne épreuve avec le premier numéro.

1232. La même estampe. De même, à grande marge.

1233. **L'échelle** conduisant à l'eau. B. 16. Belle et ancienne épreuve avec le premier numéro (papier à la folie).

1234. La même estampe. Belle et ancienne épreuve, à grande marge.

1235. **Le bélier,** le mouton et le bouc. B. 17. Belle et ancienne épreuve.

1236. **Les deux tours pointues.** B. 18. Ancienne et belle épreuve avec le premier numéro, avec beaucoup de marge.

1237. La même estampe. De même, avec une marge de 2 à 3 pouces.

1238. 4 F. de la suite B. 21—32, savoir B. 21. 22. 24. 27. Epreuves superbes avec A. et Antoni Waterlo fe. et exc. (papier à la folie).

1239. **Le cimetière** au bord de l'eau. B. 22. Epreuve superbe, avec de petites taches jaunâtres.

1240. **Le petit hameau.** B. 29. Premier état avant le nom, à grande marge de 2 à 3 pouces.

1241. **Les deux voyageurs** dans le bois. B. 33. Très belle épreuve du premier état avec l'adresse du maître, avant la retouche.

1242. **Le troupeau de moutons** traversant l'eau. B. 35. Ancienne et très belle épreuve.

1243. **Les deux garçons** et leur chien au bord de l'eau. B. 36. De même.

1244. La même estampe. Belle épreuve.

1245. **Les deux pâtres** au pied de l'arbre. B. 37. Très belle épreuve avant la retouche.

1246. La même estampe. Belle épreuve avant la retouche.

1247. 6 F. **Paysages.** B. 41—46. Suite complète, belles et anciennes épreuves avant la retouche. No. 42 un peu faible.

1248. 6 F. **Paysages.** B. 47—52. Suite complète, belles et anciennes épreuves.

1249. 6 F. **Paysages.** B. 53—58. Suite complète, anciennes et très belles épreuves, n. 55 avec un petit trou, n. 58 sans marge. Coll. Wolterbeck.

1250. 6 F. La même suite complète, épreuves belles et égales.

1251. **La maison garnie de verdure** au bord de la rivière. B. 54. L'épreuve de cette estampe ordinairement faible est d'une beauté extraordinaire, pleine de barbes, mais rognée et les coins un peu endommagés.

1252. **Le bois dans la rivière.** B. 57. Très belle et ancienne épreuve.

1253. 6 F. **Paysages.** B. 59—64. Suite complète, épreuves du premier état avant l'adresse de Ottens et avant les retouches, n. 60 superbe d'épreuve, au papier à la folie, avant la retouche sur le tronc d'arbre à droite, avec un pouce de marge.

1254. **Les deux cavaliers.** B. 63. Ancienne et superbe épreuve d'un premier état non décrit, avec la lettre g au lieu de c en haut à droite.

1255. **Le porte-faix.** B. 65. Epreuve superbe avant l'adresse.

1256. **Les deux allées.** B. 67. Très belle épreuve.

F. FORSTER.

1307. **Portrait de Raphaël,** d'après le tableau de ce maître à la galerie de Florence. Epreuve superbe avant toutes lettres, on lit dans la marge d'en bas: „IIIIIIme épreuve d'essai" à la pointe; elle est sur papier de Chine.

1308. **Raphaël à quinze ans,** d'après ce maître. Epreuve superbe avant toutes lettres; elle porte le numéro 46.

1309. **La vierge à la legende,** d'après Raphaël. Magnifique épreuve d'essai, on lit seulement: „Forster sculpsit" tracé à la pointe sèche au milieu de la marge d'en bas.

1310. La même estampe. Epreuve superbe avant la lettre, avec le numéro 101.

F. JOUBERT.

1311. **Penserosa,** d'après Winterhalter. Magnifique épreuve d'artiste sans aucune lettre; elle est sur papier de soie.

N. LECOMTE.

1312. **La sainte famille,** dite la perle de Raphaël. Epreuve superbe avant la lettre, sur papier de Chine.

G. LONGHI.

1313. **La sainte famille** (nunc ego mitto te aperire), d'après Raphaël. Epreuve superbe avant la lettre (lettre grise).

E. MANDEL.

1314. **La Vedova,** d'après Robert. Superbe épreuve d'artiste avant toutes lettres, seulement les mots: „Mandel fecit" tracés à la pointe; elle est sur papier de Chine.

R. MORGHEN.

1315. **Noli me tangere,** d'après F. Baroche. Epreuve superbe avant la lettre, seulement la dédicace au pape à lettres ouvertes, les armes et les noms d'auteurs. Très rare.

J. G. MÜLLER.

1316. **S. Catharina,** d'après L. da Vinci. Epreuve superbe avant toutes lettres, seulement au-dessus de la gravure en petits charactères: J. G. M. f. 1817.

Z. PRÉVOST.

1317. **Les pêcheurs de l'Adriatique,** d'après L. Robert. Epreuve superbe avant toute lettre, les noms des artistes seuls gravés; elle est sur papier de Chine.

M. STEINLA.

1318. **Madonna di S. Sisto,** d'après Raphaël. Magnifique épreuve d'artiste avant toutes lettres, avec le buste de l'artiste et la figure de la Muse dans la marge d'en bas; elle est sur papier de Chine.

P. TOSCHI.

1319. **La descente de croix,** d'après D. da Volterra. Epreuve superbe avant la lettre, sur papier de Chine, seulement les mots: „Discesa della Croce" tracés à la pointe sèche, avant les armes et la dédicace.

C. ULMER.

1320. **Distribution des prix des tireurs d'arc,** d'après B. van der Helst. (Musée Napoléon.) Epreuve superbe avant toute lettre, même avant les noms des artistes. Très rare. Avec quelques petites taches dans la marge. Coupée jusqu'à l'empreinte de la planche.

1321. **Portrait d'un jeune homme** (dit le bourguemaître), d'après A. van Dyck. (Musée Napoléon.) Epreuve superbe et rare, avant toute lettre. De même.

1322. **La vierge au coussin vert,** d'après André Solario. (Musée Napoléon.) Epreuve superbe et très rare, avant toute lettre. De même.

W. WOOLLETT.

1323. **Jacques et Laban,** dit le grand pont, d'après Claude Lorrain. Epreuve superbe et très rare, avant la lettre, seulement les armes et les noms des artistes tracés à la pointe, la marge en haut un peu brunie.

1324. Sous ce numéro seront vendus en différents lots les portefeuilles de moyen et de petit format.

Leipsic, imprimerie de J. B. Hirschfeld.

www.ingramcontent.com/pod-product-compliance
Ingram Content Group UK Ltd.
Pitfield, Milton Keynes, MK11 3LW, UK
UKHW020234220726
13923UKWH00002B/648

9 782016 114537